RIKOTA: 1 GRĀ MAIA AR SLAVENĀ KO ITĀ LIJAS SIERU

100 SVAIGAS, ZĪDAS UN MAZĪGAS RECEPTES

Ralfs Balodis

Autortiesību materiāls ©2023

Visas tiesības aizsargātas

Bez atbilstošas izdevēja un autortiesību īpašnieka rakstiskas piekrišanas šo grāmatu nevar izmantot vai izplatīt nekādā veidā, formā vai formā, izņemot īsus citātus, kas izmantoti atsauksmē. Šo grāmatu nevajadzētu uzskatīt par medicīnisku, juridisku vai citu profesionālu padomu aizstājēju.

SATURA RĀDĪTĀJS

SATURA RĀDĪTĀJS 3
IEVADS 8
BROKASTIS 9
    1. Acharuli hachapuri 10
    2. Brokastis Tiramisu 13
    3. Mini Ricotta Donuts Pildīti ar Nutella 15
    4. Siera spinātu krepes 18
    5. Brokastu siera tarte 21
UZkodas 24
    6. Spinātu un artišoku steiku rullīši 25
    7. Sāļie fetas-spinātu ripiņas 27
    8. Rikota un persiks Crostini 30
    9. Salami un artišoks Crostini 32
    10. Crostini alla Carnevale 34
    11. Rikotas siera cepumi 36
PASTA 38
    12. Saucy Lazanja 39
    13. Kabaču makaroni ar vistu un brokoļiem 42
    14. Pesto valriekstu makaroni 44
    15. Pesto lazanja 47
    16. Lazanja Alfredo 50
    17. Cepta penne ar tītara kotletēm 52
    18. Jauktie ziedu un siera ravioli 54
    19. Pieneņu lazanja 56
    20. Kreoliešu lazanja 59

21. Mason jar lazanja 62

22. Ķirbju un salvijas lazanja ar fontīnu 65

23. Ķirbju gnocchi ar pancetta 68

24. Kastanis un saldais kartupelis Gnocchi 71

25. Makaronu rullīši ar krēmīgu tomātu mērci 75

26. Savvaļas un eksotisko sēņu lazanja 79

27. Makaronu rullīši pildīti ar prošuto 82

28. Spinātu un rikotas pildīti čaumalas 85

29. Ravioli buljona zupa ar desu un kāpostu 87

30. Butternut skvoša lazanja 89

PICA, PITA UN FOCACCIA 91

31. Parmezāna un rikotas pica 92

32. Rikotas, bekona un rukolas kastrolītas pica 94

33. Focaccia-veģetārietis 96

34. Krēmveida itāļu pita 98

35. Pica Lieldienām 100

36. Grilēta Baltā pica ar Soppressata 102

37. Melanzānes pica 104

38. Toskānas stila kotletes plātsmaize 106

39. Buricotta ar Peperonatu un Oregano 108

40. Toskānas stila kotletes plātsmaize 110

KANOLI 112

41. No-Bake Choc Chip Cannoli siera kūka 113

42. Baileys cannoli 115

43. Air Fryer Cannoli 117

44. Kanoli ar rikotas pildījumu 120

45. Pistācijas un sprinkles Cannoli 122

46. Marsala Wine Cannoli 125

47. Apelsīnu kanoli 127

48. Orange Curaçao Cannoli 130

49. Amaretto Cannoli 133

50. Cannoli alla siciliana 136

51. Cannoli krējuma pica 139

52. Cannoli pīrāgs 141

53. Cannoli bērniem 143

54. Cannoli čaumalas un pildījums 145

55. Cannoli uzkodas 147

56. Šokolādes cannoli 149

57. Kanolis ar šokolādi 152

58. Šokolādes pistāciju cannolis 154

59. Kanoli ar zemu tauku saturu ar aveņu mērci 156

60. Glazēti ķiršu cannoli 159

61. Wonton cannoli 162

62. Cannoli Gelato 165

MANSTRANS 168

63. Garšaugu polentas torta ar spinātiem, sēnēm un rikotu 169

64. Ķiploku Florences saldie kartupeļi 172

65. Biešu un miežu risotto 174

66. Vistas, melleņu, rikotas un zemeņu salāti 177

67. Rūgti saldie granātābolu salāti 179

68. Rikota ar kāpostu, granātābolu un kastaņiem 181

69. Rikotas pildīti čaumalas 183

70. Rikotas un spinātu pildīta vista 185

71. Rikotas un sēņu pildīti čaumalas 187

72. Rikotas un pesto pildīta vista 189

FONDU UN DIPS 191

73. Ķieģeļu siera iemērkšana 192

74. Fetas un rikotas siera fondī 194

75. Ķieģeļu siera iemērkšana 196

76. Saputota Indijas riekstu rikota 198

77. Citronu Ricotta Dip 200

78. Tomātu Ricotta mērce 202

79. Grauzdēti sarkanie pipari un rikotas mērce 204

80. Garšaugu Ricotta Dip 206

81. Medus Kanēlis Ricotta Dip 208

DESERTS 210

82. Itāliešu artišoku pīrāgs 211

83. Krēmveida rikotas pīrāgs 214

84. Rožu piena kūka 216

85. Siera kūka 218

86. Rikota Dželato 220

87. Ricotta gelato ar kazeņu mērci 222

88. Garšaugu pīrāgs 225

89. Burekas 228

90. Mutabbaq 231

91. Citronu ogu tiramisu 234

92. Tiramisu ar apelsīnu aromātu 236

93. Ģimenes iecienītākais tiramisu 238

94. Hershey's Silky kakao krēms 240

95. Nutella pudiņš 242

96. Saldēta vīģu siera kūka 244

97. Elzasas siera tarte 247

98. Vidusjūras siera tarte 249

99. Itāliešu artišoku pīrāgs 252

100. Rikotas un tomātu torte 254

SECINĀJUMS 256

IEVADS

Rikotas siers ir krēmīga un garšīga sastāvdaļa, ko var izmantot dažādās receptēs. Izgatavota no sūkalām, kas palikušas no siera ražošanas, rikota ir lielisks olbaltumvielu avots, un to var izmantot gan saldos, gan sāļos ēdienos. No lazanjas līdz siera kūkai ir daudz veidu, kā izmantot šo daudzpusīgo sieru. Šajā grāmatā mēs izpētīsim dažas no labākajām rikotas siera receptēm, kuras varat pagatavot mājās

BROKASTIS

1. **<u>Acharuli hačapuri</u>**

Izgatavojums: 6

SASTĀVDAĻAS
MĪKLA
- 2 glāzes / 250 g maizes miltu
- 1½ tējkarotes ātri rūgstoša aktīvā sausā rauga
- 1 liela brīvās turēšanas ola, sakulta
- ½ glāzes / 110 g grieķu jogurta
- ¼ tase / 60 ml remdena ūdens
- ½ tējk sāls

PILDĪJUMS
- 1½ unce / 40 g halloumi siera, sagriezts ¼ collu / 0,5 cm kubiņos
- 2 ēdamkarotes / 20 g drupināta fetas siera
- ¼ glāzes / 60 g rikotas siera
- ¼ glāzes / 60 g rikotas siera
- ¼ tējkarotes maltu melno piparu
- ⅛ tējkarote sāls, kā arī papildus, lai pabeigtu
- ½ ēdamkarotes sasmalcināta timiāna, kā arī vēl pārkaisa
- ½ ēdamkarote za'atar
- rīvēta miziņa no ½ citrona
- 6 lielas brīvās turēšanas olas
- olīveļļa, pasniegšanai

INSTRUKCIJAS

a) Sāciet ar mīklu. Iesijā miltus lielā bļodā un pievieno raugu. Viegli samaisiet. Centrā izveidojiet iedobi un ielejiet tajā pusi olas (otru pusi paturiet, lai vēlāk nosmērētu rullīšus), jogurtu un remdenu ūdeni. Apkaisiet sāli ap aku.

b) Sāciet maisīt maisījumu, ja nepieciešams, pievienojot nedaudz vairāk ūdens (ne daudz; šai mīklai jābūt sausai), līdz viss izveidojas rupjā mīklā. Pārnes uz darba virsmas un mīca ar rokām 10 minūtes, līdz izveidojas mīksta, elastīga mīkla, kas nav lipīga. Ielieciet mīklu atpakaļ bļodā, pārklājiet ar dvieli un ļaujiet uzrūgt istabas temperatūrā, līdz tā dubultojas 1 līdz 1½ stundu.

c) Vēlreiz mīciet, lai izsistu gaiss. Sadaliet mīklu 6 vienādās daļās un katru izrullējiet bumbiņā. Liek uz viegli miltiem apkaisītas virsmas, pārklāj ar dvieli un ļauj uzrūgt 30 minūtes.

d) Lai pagatavotu pildījumu, sajauciet visas sastāvdaļas, izņemot olas un olīveļļu, un labi samaisiet. Ievietojiet cepešpannu cepeškrāsnī un uzkarsējiet līdz 425 ° F / 220 ° C.

e) Uz miltiem nokaisītas virsmas izrullējiet mīklas bumbiņas apļos, kuru diametrs ir 6½ collas / 16 cm un apmēram 2 mm biezi. To var izdarīt ar rullīti vai izstiepjot to ar rokām.

f) Aptuveni vienu sesto daļu siera pildījuma lieciet uz katra apļa centra un nedaudz izklājiet to pa kreisi un pa labi, lai tas gandrīz sasniegtu abas apļa malas. Paņemiet labo un kreiso malu starp pirkstiem un saspiediet tos, nedaudz pastiepjot mīklu, lai izveidotu iegarenu, laivveida mīklas izstrādājumu ar sieru centrā. Iztaisnojiet sānu sienas un mēģiniet padarīt tās vismaz 3 cm augstas un platas, lai centrā būtu pietiekami daudz vietas sieram, kā arī visai olai, kas tiks pievienota vēlāk. Vēlreiz saspiediet galus, lai gatavošanas laikā tie neatvērtos.

g) Apsmērējiet ruļļus ar atlikušo olu pusi un ielieciet tos uz cepešpannas izmēra pergamenta papīra. Apkaisīt tīteņus ar dažām timiāna lapiņām. Izņemiet cepešpannu no cepeškrāsns, ātri uzlieciet uz pannas pergamentu un ruļļus un ievietojiet pannu taisni atpakaļ cepeškrāsnī. Cep 15 minūtes, līdz malas iegūst zeltaini iedegumu.

h) Izņemiet cepešpannu no cepeškrāsns. Sadaliet olu nelielā krūzē. Nelaužot to, viegli ar pirkstiem paceliet dzeltenumu un ievietojiet to viena ruļļa centrā. Ielejiet tik daudz olu baltuma, cik derēs, pēc tam atkārtojiet ar atlikušajām olām un rullīšiem. Neuztraucieties, ja olu baltums izlīst pāri; tas viss ir daļa no lauku šarma. Pannu liek atpakaļ cepeškrāsnī un cep 5 minūtes. Olu baltumiem jābūt sacietētiem, un dzeltenumiem jāpaliek šķidriem. Ļaujiet atdzist 5 minūtes, pirms apslakat ar olīveļļu, apkaisa ar sāli un pasniedziet.

2. Brokastis Tiramisu

Izgatavo: 2

SASTĀVDAĻAS:
- ¾ glāzes rikotas, pilnpiena vai vājpiena
- 1 ēdamkarote granulēta baltā cukura
- ¼ tējkarotes tīra vaniļas ekstrakta
- 8 kraukšķīgas ladyfingers
- ¾ tasi espresso vai stipras melnas kafijas
- ¼ glāzes sasmalcinātas pussaldās šokolādes
- Svaigas ogas

INSTRUKCIJAS:
a) Mazā bļodiņā saputo rikotu ar cukuru un vaniļas ekstraktu. Nogaršo un, ja nepieciešams, pievieno vēl cukuru un/vai vaniļu.
b) Ievietojiet espresso lielā seklā bļodā.
c) Katrā bļodā lieciet apmēram 2 ēdamkarotes rikotas maisījuma. Apkaisa ar nedaudz šokolādes un dažām ogām. Iemērciet dāmu pirkstus kafijā un katrā bļodā ielieciet 2 dāmu pirkstus. Atkārtojiet slāņus: siers, šokolāde, ogas un ladyfingers.
d) Pārklājiet katru bļodu ar plastmasas apvalku un ievietojiet ledusskapī vismaz četras līdz sešas stundas, lai slāņi saplūst. Pasniedz aukstu.

3. Mini Ricotta Donuts pildīti ar Nutella

Veido: apmēram 24 virtuļi

SASTĀVDAĻAS:
- rapšu eļļa (cepšanai)
- ¾ glāzes universālo miltu
- 2 tējkarotes cepamā pulvera
- ¼ tējkarotes sāls
- 1 glāze rikotas siera
- 2 lielas olas
- 2 ēdamkarotes granulēta cukura
- 2 tējkarotes vaniļas ekstrakta
- ½ glāzes Nutellas
- Pūdercukurs (pēc izvēles)

INSTRUKCIJAS:

a) Mazā bļodā saputojiet miltus, cepamo pulveri un sāli; atlikt malā.

b) Lielā maisīšanas traukā saputojiet rikotas sieru, olas, cukuru un vaniļu. Pievienojiet sausās sastāvdaļas un samaisiet, līdz tās ir labi sajauktas.

c) Ielejiet rapšu eļļu dziļā katlā ar biezu dibenu, apmēram 1½ collas dziļumā. Uzkarsē eļļu līdz aptuveni 370 ° F, izmantojot cepšanas termometru.

d) Viegli iemetiet eļļā ēdamkarotes izmēra mīklas bumbiņas, vienmērīgi nometot, lai iegūtu pēc iespējas apaļāku bumbiņu. Cepiet 4-5 vienā reizē, ik pa laikam apgriežot, līdz zeltaini, 3-4 minūtes. Ar knaibles pārliek virtuļus papīra dvielī, lai notecinātu. Atkārtojiet, līdz mīkla ir izlietota. Ļaujiet virtuļiem atdzist, līdz tos ir viegli apstrādāt.

e) Pārvietojiet Nutella šļircē vai cauruļu maisiņā ar garu, smailu galu. Var būt noderīgi vispirms uzsildīt Nutella mikroviļņu krāsnī apmēram 30 sekundes. Ieduriet virtuļos nelielu caurumu, ievietojiet šļirci un piepildiet ar Nutella. Daudzumi var atšķirties, taču jums vajadzētu labi saprast, cik daudz Nutella tiek ievadīts katrā. Atkārtojiet ar visiem virtuļiem.

f) Ja vēlas, pārkaisa ar pūdercukuru un pasniedz.

4. Siera spinātu kreveles

Pagatavo: 4 porcijas

SASTĀVDAĻAS:
- 3 olas
- 1 glāze Piens
- 1 ēdamkarote kausēta sviesta
- ¾ glāzes universālu miltu
- ¼ tējkarotes Sāls
- 2 tases Shredded Havarti, Šveices VAI
- Mocarellas siers, sadalīts
- 2 glāzes biezpiena VAI Ricotta siera
- ¼ glāzes rīvēta parmezāna siera
- 1 ola, nedaudz sakulta
- 10 unču iepakojums saldētu sasmalcinātu spinātu
- 300g, atkausēti un izspiesti sausi
- ¼ tējkarotes Sāls
- ⅛ tējkarote piparu
- 1½ glāzes tomātu mērces

INSTRUKCIJAS:
KRĒPĒM:
a) Sastāvdaļas sablenderē blenderī vai virtuves kombainā 5 sekundes.
b) Noskrāpējiet malas un sablenderējiet mīklu vēl 20 sekundes. Nosedziet un ļaujiet nostāvēties vismaz 30 minūtes.
c) Uz vidējas uguns uzkarsē 8 collu nepiedegošu pannu. Apsmērē ar izkausētu sviestu. Samaisiet mīklu. Ielejiet pannā apmēram 3 ēdamkarotes mīklas un ātri apgrieziet pannu, lai pārklātu tās dibenu. Cepiet, līdz apakša ir nedaudz brūna, apmēram 45 sekundes. Apgrieziet Crêpe ar lāpstiņu un vāriet apmēram 20 sekundes ilgāk.
d) Pārnes uz šķīvi. Atkārtojiet ar atlikušo mīklu, pirms katras krepas gatavošanas pannu ieziež ar nedaudz kausēta sviesta. Izgatavo: 10 līdz 12 krepes. Izvēlieties 8 krepes.

PILDĪJUMAM:
e) Rezervē ½ glāzi Havarti siera. Apvienojiet atlikušās sastāvdaļas. Uzlieciet ½ glāzes siera pildījuma uz katras krepas un sarullējiet.
f) Novietojiet ar šuvi uz leju ietaukotā 13 x 9 collu cepšanas traukā. Virsū uzlej tomātu mērci. Pārkaisa ar rezervēto Havarti sieru. Cep 375 F cepeškrāsnī 20 līdz 25 minūtes vai līdz uzkarsē.

5. Brokastu siera tarte

Iznākums: 1 porcija

Sastāvdaļa
- Konditorejas izstrādājumi 9 collu pīrāgam; Izmantojiet pamata pīrāgu garozu
- 8 unces Šveices vai Jarlsberg siera; sagriež gabalos
- 1 mārciņa Ricotta siera
- 3 olas
- 1 vidējs sīpols; smalki sagrieztu
- 2 ķiploka daiviņas; nospiests
- ½ tējkarotes baltie pipari
- 2 vidēja izmēra gatavi tomāti; nomizo un smalki sagriež
- 1 tējkarote neapstrādātas augstākā labuma olīveļļas
- 1 ēdamkarote Svaigi sagriezti maurloki
- 1 ēdamkarote sasmalcinātu pētersīļu
- 1 tējkarote Sasmalcināts svaigs timiāns; (neobligāti)
- 1 tējkarote sasmalcināta svaiga bazilika; (neobligāti)

Norādes

a) Uzkarsē cepeškrāsni līdz 450 grādiem. Izmantojiet 9 x 1 collu pīrāgu pannu ar noņemamu dibenu. Labi izsmidziniet ar vārīšanas aerosolu vai bagātīgi ieziediet.

b) Nospiediet mīklas izstrādājumu, lai tas ietilptu pannā. Gludi apgrieziet apmēram 1 collu aiz pannas malas, pēc tam atlokiet pāri malai un saspiediet, lai izveidotu pievilcīgu un izturīgu rievotu malu. Izklājiet pannu ar alumīnija foliju, kuru esat apsmidzinājis ar gatavošanas aerosolu no abām pusēm, pēc tam ievietojiet 8 vai 9 collu stikla pīrāga pannu folijas iekšpusē.

c) Apgrieziet komplektu otrādi uz cepumu loksnes un cepiet 9 minūtes. Izņemiet pannu no cepeškrāsns, apgrieziet un noņemiet pīrāga plāksni un foliju.

d) Liek atpakaļ cepeškrāsnī un cep vēl 5 minūtes. Izņem no krāsns un noliek malā. Samaziniet cepeškrāsns temperatūru līdz 350 grādiem. Blenderī vai virtuves kombaina bļodā samaisiet Jarlsberg, rikotu, olas, sīpolus, ķiplokus un piparus.

e) Virpuļot līdz gluda un labi sajaukta. Vienmērīgi ielejiet ceptajā čaulā, novietojiet pannu uz cepumu loksnes. Cep 25 līdz 30 minūtes, līdz pildījums ir daļēji sacietējis. Tikmēr nosusiniet tomātu šķēles uz papīra dvieļiem. Izņem tartu no cepeškrāsns.

f) Virsū ap malām kārto tomātu šķēles. Liek atpakaļ cepeškrāsnī un cep 30 līdz 35 minūtes, līdz centrā ievietotais nazis ir tīrs. Apsmērē tomātus ar olīveļļu, apkaisa ar svaigiem zaļumiem. Ļaujiet nostāvēties 20 minūtes. Noņemiet tortes pannas malas, nospiežot uz augšu noņemamo dibenu.

g) Liek uz apaļas šķīvja, izrotājiet ar svaigiem zaļumiem un pasniedziet.

UŽkodas

6. Spinātu un artišoku steiku rullīši

SASTĀVDAĻAS
- 1 lb. sānu steiks
- 1 15,5 oz. var artišoku sirdis, nosusinātas un sasmalcinātas
- 2 c. mazuļu spināti, sasmalcināti
- 2 ķiploka daiviņas, maltas
- 1 c. rikota
- 1/2 c. sasmalcināts balts Čedars
- košera sāls
- Svaigi malti melnie pipari

Norādes:
a) Uzkarsē cepeškrāsni līdz 350°. Uz griešanas dēļa uzlieciet tauriņa steiku, lai tas būtu garš taisnstūris, kas atrodas plakaniski.
b) Vidējā bļodā sajauciet artišokus, spinātus, ķiplokus, rikotu un Čedaru un bagātīgi pievienojiet sāli un piparus.
c) Smērējam steiku ar spinātu-artišoku mērci. Cieši satiniet steiku, pēc tam sagrieziet kārtās un cepiet, līdz steiks ir gatavs vēlamajā gatavībā, 23 līdz 25 minūtes vidējai gatavībai. Pasniedz ar apdarinātiem zaļumiem.

7. Sāļi fetas-spinātu ripiņas

Pagatavo: 10 porcijas

SASTĀVDAĻAS:
- 5 glāzes universālo miltu
- 1½ tējkarote Sāls
- 2 ēdamkarotes Cepamais pulveris
- ½ glāzes rīvēta parmezāna siera
- ½ tējkarotes melnie pipari
- 1½ tējkarotes kaltēta bazilika
- 8 unces auksta sviesta; sagriež mazā gabalā
- 1¾ tase bieza krējuma
- 2 olas; piekauts
- ½ mārciņas sadrupināta fetas siera; nosusināta
- 1½ glāzes Ricotta siera
- ½ tējkarotes Žāvētas dilles
- ½ tējkarotes melnie pipari
- 24 unces Saldēti sasmalcināti spināti; atkausēts un izspiests
- 2 olas; piekauts

INSTRUKCIJAS:

a) Uzkarsē cepeškrāsni līdz 375 grādiem. Virtuves kombainā sajauciet miltus, sāli, cepamo pulveri, parmezānu, piparus un baziliku.

b) Pievienojiet sviestu un pulsācijas procesoru, līdz maisījums atgādina kukurūzas miltu tekstūru.

c) Pievieno krējumu un 2 olas un samaisa, lai sablendē. Izņemiet mīklu un izrullējiet uz viegli miltiem apkaisītas virsmas līdz apmēram ½ collas biezai.

d) Lai pagatavotu pildījumu, mikserī vai virtuves kombainā samaisiet fetu, rikotu, dilles, piparus un spinātus. Vienmērīgi izklājiet pildījumu pa mīklas taisnstūri.

e) Sākot no garās malas, mīklu pārvelciet pāri pildījumam. Sagrieziet velmēto mīklu 2 collu garumā un novietojiet ripiņas uz viegli ietaukotas cepešpannas.

f) Sakuliet divas olas un viegli noslaukiet katru ratu. Cep 25-35 minūtes, līdz tie ir viegli brūni. Izgatavo 10 ratiņus.

8. Rikota un persiks Crostini

Marka: 16

SASTĀVDAĻAS:
- 16 bagetes šķēles
- 4 unces plānās šķēlītēs sagrieztas pancetta
- ¼ glāzes plānās šķēlītēs sagrieztas bazilika
- 1 glāze pilnpiena rikotas
- 2 lieli persiki, plānās šķēlītēs
- 2 ēdamkarotes olīveļļas
- 1 ēdamkarote medus
- ¼ glāzes balzamiko glazūras

INSTRUKCIJAS:
a) Maizes abās pusēs viegli apslakiet olīveļļu, pēc tam nolieciet to malā.
b) Uzkarsē grilu.
c) Grilējiet maizi līdz zeltainai un kraukšķīgai, apmēram 1 līdz 2 minūtes katrā pusē.
d) Novietojiet malā.
e) Nelielā pannā uz vidējas uguns pagatavojiet pancetta 3–4 minūtes vai līdz tā sāk kļūt kraukšķīga.
f) Pancetta ir jāapgriež un jāsagatavo līdz kraukšķīgai.
g) Pārliek uz šķīvja, kas pārklāta ar papīra dvieļiem, tad ļauj atdzist.
h) Mazā bļodiņā apvienojiet rikotu un medu.
i) Bagetes šķēli izklāj ar vienu ēdamkaroti rikotas maisījuma.
j) Turpiniet ar atlikušo maizi.
k) Katram maizes gabalam pievienojiet dažas persika šķēles, pēc tam vienmērīgi sadaliet pancetta starp crostini.
l) Pārslaka crostini ar balzamiko glazūru un uzber baziliku.

9. Salami un artišoks Crostini

Izgatavo: 24 crostini

SASTĀVDAĻAS:
- 1 bagete sagriezta ¼ collu šķēlēs
- olīvju eļļa
- 2 glāzes rikotas siera
- 10 plānas salami šķēles sagriež ceturtdaļās
- 12 unces var marinēt artišoku sirdis, sasmalcinātas
- sāls un pipari pēc garšas

INSTRUKCIJAS
a) Iestatiet cepeškrāsni uz 425 grādiem pēc Fārenheita.

b) Izmantojiet silikona cepšanas paklājiņus vai pergamenta papīru, lai izklātu cepešpannu.

c) Pirms maizes uzlikšanas uz cepešpannas uzklājiet plānu olīveļļas kārtiņu uz katras maizes šķēles.

d) Cep maizi cepeškrāsnī apmēram 5 minūtes, līdz tā ir skaisti grauzdēta.

e) Izņem no krāsns un pilnībā atdzesē.

f) Katru maizes šķēli pārziež ar rikotas sieru, apkaisa ar sāli un pipariem un pēc tam pārkaisa ar salami un sasmalcinātām artišoku sirdīm.

10. Crostini alla Carnevale

Marka: 16

SASTĀVDAĻAS:
- 16 plānas bagetes šķēles, sagrieztas pa diagonāli
- 2 ēdamkarotes neapstrādātas augstākā labuma olīveļļas
- 3 ķiploka daiviņas, maltas, sadalītas
- 4 unces rikotas siera
- 4 unces maigs Asiago, Jack vai fontina siers, sagriezts kubiņos
- 6-8 ķiršu tomāti, sagriezti ceturtdaļās
- 2 ēdamkarotes sasmalcinātu grauzdētu sarkano piparu
- 2 ēdamkarotes bazilika pesto

INSTRUKCIJAS:
a) Uzkarsē broileru.
b) Bļodā iemetiet bagetes šķēles ar olīveļļu un kārtojiet tās vienā kārtā cepamajā traukā vai uz cepešpannas. Grauzdē zem broilera apmēram 5 minūtes vai līdz viegli zeltainam. Noņemiet un iemetiet grauzdiņus ar pusi ķiploku. Atlikt malā.
c) Mazā bļodiņā samaisiet atlikušos ķiplokus ar rikotas sieru, Asiago, ķiršu tomātiem, papriku un pesto.
d) Katram grauzdiņam uzber lielu lāsīti pildījuma. Izkārtojiet uz cepešpannas un lieciet zem broilera, līdz siers izkūst un šņāc, un grauzdiņa malas kļūst kraukšķīgas un brūnas.

11. Rikotas siera cepumi

Iznākums: 5-8 porcijas

Sastāvdaļas
- ½ mārciņas margarīna
- 2 olas
- 1 mārciņa Ricotta siera
- 2 glāzes Cukurs
- 1 tējkarote Cepamais pulveris
- 1 tējkarote Cepamā soda
- 4 glāzes Milti
- 2 tējkarotes vaniļas vai citrona ekstrakta
- ¼ tējkarotes Muskatrieksts

Norādes

a) Saputo sviestu un cukuru un tad pievieno ekstraktu. Pa vienai pievieno olu, pēc katras pievienošanas kārtīgi sakulot. Pievieno sieru un puto 1 min.

b) Lēnām pievienojiet sausās sastāvdaļas. Piliet pa tējkarotēm uz neietaukotas cepumu lapas. Cep 350° 12-15 minūtes.

c) Izvelciet uz restēm, lai atdzesētu, un, ja vēlaties, apkaisa ar pūdercukuru.

PASTA

12. Sīkā lazanja

Izgatavojumi: 4

SASTĀVDAĻAS:
- 1½ mārciņas sadrupinātas pikantās itāļu desas
- 5 glāzes veikalā nopērkamās spageti mērces
- 1 glāze tomātu mērces
- 1 tējkarote itāļu garšvielas
- ½ glāzes sarkanvīna
- 1 Ēdamkarote cukura
- 1 Ēdamkarote eļļas
- 5 malto ķiploku cimdi
- 1 kubiņos sagriezts sīpols
- 1 glāze sasmalcināta mocarellas siera
- 1 glāze sasmalcināta Provolone siera
- 2 glāzes rikotas siera
- 1 glāze biezpiena
- 2 lielas olas
- ¼ glāzes piena
- 9 nūdeles lazanjas nūdeles – tvaicētas
- ¼ glāzes rīvēta parmezāna siera

INSTRUKCIJAS:

a) Uzkarsē cepeškrāsni līdz 375 grādiem pēc Fārenheita.

b) Pannā 5 minūtes apbrūnina sadrupinātu desu. Jebkura smērviela ir jāizmet.

c) Lielā katlā sajauciet makaronu mērci, tomātu mērci, itāļu garšvielas, sarkanvīnu un cukuru un kārtīgi samaisiet.

d) Pannā uzkarsē olīveļļu. Pēc tam 5 minūtes apcep ķiplokus un sīpolus.

e) Mērcē ievietojiet desu, ķiplokus un sīpolus.

f) Pēc tam katliņu pārklāj un atstāj uz lēnas uguns 45 minūtes.

g) Maisīšanas traukā apvienojiet mocarellas un provolone sierus.

h) Atsevišķā bļodā sajauciet rikotu, biezpienu, olas un pienu.

i) 9 x 13 cepešpannā ielej 12 tases mērces trauka apakšā.

j) Tagad kārtojiet nūdeles, mērci, rikotu un mocarellu cepamajā traukā trīs kārtās.

k) Virsū uzklāj parmezāna sieru.

l) Cep pārklātā traukā 30 minūtes.

m) Pēc trauka atvēršanas cep vēl 15 minūtes.

13. Cukini makaroni ar vistu un brokoļiem

Izgatavojumi: 4

SASTĀVDAĻAS
- 3½ glāzes brokoļu ziediņu, apgriezti
- 4 ēdamkarotes olīveļļas
- Košera sāls
- Pipari pēc garšas
- 1 mārciņa cukini makaronu, vārīti
- ½ mārciņas vistas krūtiņas sagrieztas kubiņos
- ½ glāzes rīvēta parmezāna siera
- 1 ēdamkarote sviesta
- 4 kaudzītas ēdamkarotes rikotas

INSTRUKCIJAS:
a) Uzkarsē cepeškrāsni līdz 425 ° F
b) Cepamajā traukā liek brokoļus
c) Aplejiet brokoļus ar 3 ēdamkarotēm eļļas, sāli un pipariem
d) Cepiet 15 minūtes vai līdz brokoļi izskatās kraukšķīgi, bet ne pilnībā brūni
e) Pievienojiet atlikušās ēdamkarotes eļļas lielā pannā uz vidēji augstas uguns
f) Brūna vistas gaļa, sadalot ar dakšiņu līdz gatavībai, 5 līdz 7 minūtes
g) Pagrieziet siltumu uz augstu
h) Maisa, līdz šķidrums izskatās emulģēts un mērcīgs
i) Pannā pievienojiet cukini makaronus, parmezāna sieru un sviestu
j) Mētājiet ar knaiblēm, līdz viss ir vienmērīgi sadalīts, pievienojiet vairāk ūdens, lai pēc vajadzības atslābtu
k) Sadaliet 4 bļodiņās
l) Virsū uzber kraukšķīgus brokoļus, vairāk rīvētu parmezāna sieru un ripiņu rikotas siera

14. Pesto valriekstu makaroni

Porcijas pēc receptes: 8

Sastāvdaļas
- olīvju eļļa
- 2 mārciņas. svaigi spināti, notīrīti
- 2 mārciņas. beztauku rikotas siers
- 4 lielas ķiploka daiviņas, sagrieztas kubiņos
- 1/2 tējkarotes sāls
- Svaigi malti melnie pipari pēc garšas
- 1/2 tase rīvēta parmezāna siera
- 1/3 tase kubiņos sagrieztu valriekstu, viegli grauzdēti
- 1 (24 oz.) burciņa tomātu mērce
- 16 svaigas, termiski neapstrādātas lazanjas nūdeles
- 1/2 mārciņas mocarellas, rīvētas

Valriekstu pesto:
- 3 glāzes iesaiņotas svaigas bazilika lapas
- 3 lielas ķiploka daiviņas
- 1/3 tase viegli grauzdētu valriekstu
- 1/3 tase neapstrādātas augstākā labuma olīveļļas
- 1/3 tase rīvēta parmezāna siera
- Sāls un pipari pēc garšas
- Papildu neapstrādāta augstākā labuma olīveļļa (uzglabāšanai)

Norādes

a) Iestatiet cepeškrāsni uz 350 grādiem F, pirms darāt kaut ko citu, un pārklājiet 13 x 9 collu kastroļa trauku ar gatavošanas aerosolu.

b) Pesto virtuves kombainā pievienojiet baziliku, ķiplokus un valriekstus un pulsējiet, līdz tas ir smalki sagriezts. Kamēr motors darbojas lēni, pievienojiet eļļu un pulsējiet līdz gludai un ievietojiet to bļodā un samaisiet parmezānu, sāli un melnos piparus.

c) Lielā bļodā sajauciet kopā biezpiena vai rikotas sieru, pusi parmezāna, pesto, spinātus, ķiplokus, valriekstus, sāli un melnos piparus.

d) Sagatavotā cepamā trauka apakšā liek pusi tomātu mērces un pāri tomātu mērcei liek 1 kārtu nevārītas lazanjas nūdeles.

e) Ievietojiet vienu trešdaļu spinātu maisījuma virs nūdelēm, pēc tam 1/3 mocarellas. Atkārtojiet slāņus vienu reizi un pabeidziet ar pēdējo nūdeļu slāni.

f) Pārklājiet un cepiet cepeškrāsnī apmēram 35 minūtes.

g) Atklājiet kastroļa trauku un pārkaisiet lazanjas virsu ar rezervēto Parmesan sieru un pagatavojiet vēl 15 minūtes.

15. Pesto lazanja

Porcijas pēc receptes: 8

Sastāvdaļas
- 1/4 tase priežu riekstu
- 3 glāzes svaigas bazilika lapas
- 3/4 glāzes rīvēta parmezāna siera
- 1/2 tase olīveļļas
- 4 ķiploka daiviņas
- 12 lazanjas nūdeles
- vārīšanas aerosols
- 3 ēdamkarotes olīveļļas
- 1 glāze sasmalcinātu sīpolu
- 2 (12 oz.) iepakojumi saldētu sasmalcinātu spinātu
- 3 ķiploka daiviņas, sasmalcinātas
- 3 glāzes kubiņos sagrieztas vārītas vistas krūtiņas
- 1 tējkarote sāls
- 1 tējkarote malti melnie pipari
- 2 glāzes rikotas siera
- 3/4 glāzes rīvēta parmezāna siera
- 1 ola
- 2 glāzes sasmalcināta mocarellas siera

Norādes

a) Iestatiet cepeškrāsni uz 350 grādiem F, pirms darāt kaut ko citu, un pārklājiet 13 x 9 collu kastroļa trauku ar gatavošanas aerosolu.

b) Uzkarsētā nepiedegošā pannā uz vidējas uguns pievieno priežu riekstus un vāra, bieži maisot apmēram 3 minūtes vai līdz grauzdēti.

c) Virtuves kombainā pievienojiet grauzdētus priežu riekstus un atlikušās pesto sastāvdaļas un pulsējiet līdz gludai un atstājiet malā.

d) Lazanjai lielā pannā ar viegli sālītu verdošu ūdeni pievienojiet lazanjas nūdeles un vāriet tās apmēram 8-10 minūtes vai līdz vēlamajai gatavībai un labi noteciniet un atstājiet malā.

e) Lielā pannā uz vidēji lielas uguns sakarsē eļļu un apcep sīpolu un ķiplokus apmēram 5 minūtes.

f) Pievienojiet spinātus un vāriet apmēram 5 minūtes.

g) Pievienojiet vistu un vāriet apmēram 5 minūtes, iemaisiet nedaudz sāli un melnos piparus, noņemiet no karstuma un ļaujiet tai atdzist.

h) Bļodā sajauciet parmezānu, rikotu, olu, 1 1/2 tasi pesto un vistas maisījumu.

i) Sagatavotā kastroļa apakšā vienmērīgi liek atlikušo pesto un visu pārlej ar 4 lazanjas nūdelēm.

j) Vienmērīgi uzlieciet uz nūdelēm vienu trešdaļu vistas gaļas maisījuma un pēc tam vienu trešdaļu mocarellas un atkārtojiet slāņus divas reizes.

k) Visu cep cepeškrāsnī apmēram 35-40 minūtes vai līdz virsa kļūst zeltaini brūna un burbuļojoša.

16. Lazanja Alfredo

Porcijas pēc receptes: 8

Sastāvdaļas
- 1 (16 oz.) iepakojums lazanjas nūdeles
- 2 Ēdamkarotes olīveļļas
- 1 mazs sīpols, sasmalcināts
- 1 (16 oz.) iepakojums saldētu sasmalcinātu spinātu, atkausētu
- 7 unces. bazilika pesto
- 30 unces. rikotas siers
- 1 ola
- 1/2 tējkarotes sāls
- 1/4 tējkarotes maltu melno piparu
- 1/4 tējkarotes malta muskatrieksta
- 2 glāzes mocarellas siera, sasmalcināta
- 9 unces. Alfredo stila makaronu mērce
- 1/4 tase rīvēta parmezāna siera

Norādes
a) Pirms kaut ko citu darāt, iestatiet cepeškrāsni uz 350 grādiem.
b) Pārklājiet cepamo trauku ar nepiedegošu aerosolu vai eļļu.
c) Paņemiet bļodu, samaisiet: sakultas olas, muskatriekstu, piparus, rikotu un sāli.
d) Vāra makaronus 9 minūtes sāļajā ūdenī. Noņemiet visu šķidrumu.
e) Apcepiet spinātus un sīpolus ar olīveļļu. Līdz sīpoli mīksti. Izslēdz uguni, tad pievieno pesto.
f) Pievienojiet visu traukā šādi: nūdeles, spinātus, rikotu, mocarellu. Turpiniet, līdz viss ir izlietots. Dekorē ar nedaudz parmezānu.
g) Pagatavojiet 50 minūtes. Kamēr pārklāts. Ļaujiet visam nostāvēties 10 minūtes.

17. Cepta penne ar tītara kotletēm

Izgatavojumi: 4

SASTĀVDAĻAS:
- 1 mārciņa Malta tītara
- 1 liela ķiploka daiviņa; malta
- ¾ glāzes svaigas maizes drupatas
- ½ glāzes Smalki sagrieztu sīpolu
- 3 ēdamkarotes priežu rieksti; grauzdēti
- ½ glāzes maltas svaigas pētersīļu lapas
- 1 liela ola; viegli sita
- 1 tējkarote Sāls
- 1 tējkarote melnie pipari
- 4 ēdamkarotes olīveļļas
- 1 mārciņa Penne
- 1½ glāzes rupji rīvēta mocarellas siera
- 1 glāze Svaigi rīvēta Romano siera
- 6 glāzes tomātu mērces
- 15 unces rikotas siera

INSTRUKCIJAS:
a) Bļodā kārtīgi samaisiet tītaru, ķiplokus, maizes drupatas, sīpolus, priežu rieksus, pētersīļus, olu, sāli un piparus, veidojiet kotletes un vāriet.

b) Vāra makaronus

c) Mazā bļodiņā samaisiet mocarellu un Romano. Sagatavotajā traukā ielej apmēram 1½ glāzes tomātu mērces un pusi no kotletēm un uzliek pusi makaronu.

d) Pārsmērējiet makaronus pusi no atlikušās mērces un pusi siera maisījuma. Pārklājiet pāri atlikušajām kotletēm un uzmetiet rikotas lelles virs kotletēm.

e) Cep penne cepeškrāsns vidū 30 līdz 35 minūtes.

18.   Jaukti ziedu un siera ravioli

Pagatavo: 1 porcija

SASTĀVDAĻAS:
- 12 Wonton ādas
- 1 Saputo olu ravioli blīvēšanai
- 1 glāze jauktas ziedu ziedlapiņas
- ⅓ glāzes Ricotta siera
- ⅓ glāzes Mascarpone siera
- 4 ēdamkarotes sasmalcināta bazilika
- 1 ēdamkarote sasmalcinātu maurloku
- 1 tējkarote sasmalcināta cilantro
- ⅓ glāze Mīksta kviešu maize, drupināta
- 1½ tējkarote Sāls
- ½ tējkarotes Sarkanā čili pastas
- 12 Veselas pansijas

INSTRUKCIJAS:
a) Sajauc visas sastāvdaļas, izņemot veselas pansijas. Lai pagatavotu, nolieciet Wonton ādu plakaniski uz virsmas.
b) Ievietojiet ½ tējkarotes pildījuma Vontonas mizas vidū, uzlieciet 1 veselu pansiju.
c) Samitrina malas ar sakultu olu un pārklāj ar citu wonton ādu.
d) Vāra, vārot ūdenī vai dārzeņu buljonā apmēram 1½ minūtes.
e) Pasniedz bļodā ar tomātu-bazilika buljonu.

19. Pieneņu lazanja

Izgatavo: 1 partija

SASTĀVDAĻAS:
- 2 kvartas ūdens
- 2 mārciņas pienenes lapu
- 2 ķiploka daiviņas
- 3 ēdamkarotes Sasmalcināti pētersīļi, sadalīti
- 1 ēdamkarote bazilika
- 1 tējkarote Oregano
- ½ glāzes kviešu dīgļu
- 3 glāzes tomātu mērces
- 6 unces tomātu pastas
- 9 Pilngraudu lazanjas nūdeles
- 1 tējkarote Olīveļļa
- 1 mārciņa Ricotta siera
- 1 šķipsna Kajennas piparu
- ½ glāzes parmezāna siera, rīvēta
- ½ mārciņas Mocarellas siera, sagriezts

INSTRUKCIJAS:

a) Uzkarsē ūdeni līdz vārīšanās temperatūrai, pievieno pienenes un vāra, līdz tās ir mīkstas. Izņemiet pienenes ar rievām karoti un rezervējiet ūdeni.

b) Ievietojiet pienenes blenderī ar ķiplokiem un 1 ēdamkaroti pētersīļu, baziliku un oregano.

c) Rūpīgi sablenderē, bet uzmanies, lai nesašķidrinātos.

d) Pievienojiet kviešu dīgļus, divas tases tomātu mērces un tomātu pastu.

e) Blendējiet tikai tik daudz, lai kārtīgi sajauktos, un rezervējiet maisījumu.

f) Atkal uzkarsē ūdeni līdz vārīšanās temperatūrai. Pievienojiet lazanju un olīveļļu. Gatavojiet al dente. Iztukšojiet un rezervējiet.

g) Sajauciet rikotas sieru, kajēnas sieru un atlikušās 2 ēdamkarotes. pētersīļi, rezerves.

h) Viegli iezież sviestu 9 x 13 collu cepešpannas dibenu.

i) Kā pirmo kārtu novietojiet blakus 3 lazanjas nūdeles. Pārklājiet ar ⅓ pienenes mērces, pēc tam ½ no rikotas siera.

j) Rikotai sakratiet nedaudz Parmesan siera un pārklājiet to ar mocarellas šķēlīšu kārtu. Atkārtojiet.

k) Pārklājiet pēdējās 3 lazanjas nūdeles un pēdējo trešdaļu pienenes mērces. Pārklājiet ar atlikušo parmezānu un mocarellu un vienu glāzi tomātu mērces.

l) Cep 375 F. 30 minūtes.

20. Kreoliešu lazanja

Pagatavo: 10 porcijas

SASTĀVDAĻAS:
- Augu eļļa, eļļošanai
- 1 mārciņa maltas itāļu desas, maiga vai karsta
- 1 mārciņa maltas cūkgaļas
- 1 liela sarkanā paprika, sagriezta kubiņos
- 1 vidējs sarkanais sīpols, sagriezts kubiņos
- 5 ķiploka daiviņas, maltas
- 2 (28 unces) kārbas sasmalcinātu tomātu vai 8 glāzes svaigu tomātu, sagriezti kubiņos
- 1 ēdamkarote brūnā cukura
- 2½ tējkarotes kreoliešu garšvielu
- 2 tējkarotes žāvēta bazilika
- 1 tējkarote malti melnie pipari
- 16 unces pilnpiena ricotta siera
- 2 olas
- 2 glāzes sasmalcināta mocarellas siera
- 12 cepeškrāsnī gatavas lazanjas nūdeles
- 4 glāzes sasmalcināta asa Čedaras siera
- 2 tases sasmalcināta Colby Jack siera
- Sasmalcināti svaigi pētersīļi, dekorēšanai

INSTRUKCIJAS:

a) Uzkarsē cepeškrāsni līdz 350 grādiem F. Viegli ieeļļojiet 9 x 13 collu cepamo trauku.

b) Vidējā bļodā apvienojiet desu un cūkgaļu.

c) Lielā sautētā pannā uz vidējas uguns pagatavojiet desas un cūkgaļas maisījumu, līdz tas kļūst brūns. Gatavošanas laikā noteikti sadaliet gaļu! Izņemiet gaļu no pannas un atstājiet apmēram 1½ ēdamkarotes smērvielas. Novietojiet gaļu uz sāniem.

d) Novietojiet pannu atpakaļ uz plīts virsmas, joprojām uz vidējas uguns, un iemetiet papriku un sīpolus. Pagatavojiet, līdz tie kļūst mīksti, pēc tam pievienojiet ķiplokus. Ielieciet gaļu atpakaļ pannā un pievienojiet tomātus.

e) Sastāvdaļas sajauc, līdz viss ir labi sajaukts. Pēc tam pievienojiet cukuru, kreoliešu garšvielas, baziliku un melnos piparus. Sajauciet garšvielas, samaziniet uguni līdz vidēji zemam un vāriet 15 minūtes.

f) Lielā bļodā apvienojiet rikotu, olas un mocarellas sieru un sajauciet sastāvdaļas, līdz tās ir labi apvienotas. Iestatiet uz sāniem.

g) Sagatavotajā cepamajā traukā pievienojiet nedaudz gaļas mērces apakšā. Pievienojiet lazanjas nūdeles kārtu, pēc tam pārsmērējiet makaronus ar rikotas maisījumu. Pievienojiet kārtu gaļas mērces un vēl vienu rikotas kārtu. Atkārtojiet. Pievienojiet pēdējo makaronu kārtu, pēc tam mērci un apslāpējiet ar Čedaras un Kolbija Džeka sieriem. Brīvi pārklājiet ar alumīnija foliju un ievietojiet cepeškrāsnī uz 1 stundu un 15 minūtēm.

h) Izņemiet no cepeškrāsns, izrotājiet ar pētersīļiem un ļaujiet nostāvēties 10 minūtes pirms pasniegšanas.

21. Mason jar lazanja

Sastāvdaļas
- 3 lazanjas nūdeles
- 1 ēdamkarote olīveļļas
- ½ mārciņas maltas filejas
- 1 sīpols, kubiņos
- 2 ķiploka daiviņas, maltas
- 3 ēdamkarotes tomātu pastas
- 1 tējkarote itāļu garšvielas
- 2 (14,5 unces) kārbas kubiņos sagrieztu tomātu
- 1 vidēja cukini, sarīvēta
- 1 liels burkāns, sarīvēts
- 2 tases sasmalcinātu bērnu spinātu
- Košera sāls un svaigi malti melnie pipari pēc garšas
- 1 glāze daļēji vāja rikotas siera
- 1 glāze sasmalcināta mocarellas siera, sadalīta
- 2 ēdamkarotes sasmalcinātu svaigu bazilika lapu

Norādes

a) Lielā katlā ar verdošu sālītu ūdeni pagatavojiet makaronus atbilstoši iepakojuma norādījumiem; labi notecina. Katru nūdeli sagriež 4 daļās; atlikt malā.

b) Sildiet olīveļļu lielā pannā vai holandiešu krāsnī vidēji augstu siltumu. Pievienojiet malto fileju un sīpolu un vāriet, līdz tie ir brūni 3 līdz 5 minūtes, pārliecinoties, ka liellopa gaļa gatavošanas laikā sadrupina; notecina liekos taukus.

c) Samaisiet ķiplokus, tomātu pastu un itāļu garšvielas un vāriet līdz smaržīgai 1 līdz 2 minūtes. Samaisiet tomātus, samaziniet siltumu un vāriet uz lēnas uguns, līdz tie nedaudz sabiezē 5 līdz 6 minūtes. Samaisiet cukīni, burkānus un spinātus un vāriet, bieži maisot, līdz tie ir mīksti, 2 līdz 3 minūtes. Garšojiet ar sāli un pipariem pēc garšas. Nolieciet mērci malā.

d) Mazā bļodiņā samaisiet rikotu, ½ tasi mocarellas un baziliku; pievieno sāli un piparus pēc garšas

e) Uzkarsē cepeškrāsni līdz 375 grādiem F. Viegli ieeļļojiet 4 (16 unces) platmutes stikla burkas ar vākiem vai citus cepeškrāsnī derīgus traukus vai pārklājiet ar nepiedegošu aerosolu.

f) Ievietojiet 1 makaronu gabalu katrā burkā. Sadaliet vienu trešdaļu mērces burkās. Atkārtojiet ar otro makaronu un mērces kārtu. Uzlieciet rikotas maisījumu, atlikušos makaronus un atlikušo mērci. Apkaisa ar atlikušo ½ tasi mocarellas siera.

g) Ielieciet burkas uz cepešpannas. Liek cepeškrāsnī un cep, līdz sāk burbuļot, 25 līdz 30 minūtes; pilnībā atdzesē. Uzglabāt ledusskapī līdz 4 dienām.

22. Ķirbju un salvijas lazanja ar fontīnu

Izgatavo: 8-10

SASTĀVDAĻAS:
- 2 tējkarotes neapstrādātas augstākā labuma olīveļļas un vēl eļļošanai
- 14 unces kārbiņa ķirbju biezeņa
- 2 glāzes pilnpiena
- 2 tējkarotes žāvēta oregano
- 2 tējkarotes žāvēta bazilika
- ¼ tējkarotes svaigi rīvēta muskatrieksta
- ¼ tējkarotes sasmalcinātu sarkano piparu pārslu
- Košera sāls un svaigi malti pipari
- 16 unces pilnpiena ricotta siera
- 2 ķiploka daiviņas, sarīvētas
- 1 ēdamkarote sasmalcinātu svaigu salvijas lapu, plus 8 veselas lapas
- 2 ēdamkarotes sasmalcinātu svaigu pētersīļu
- 12 unču kārba ar nevārāmām lazanjas nūdelēm
- 12 unču burka grauzdētu sarkano papriku, nosusinātu un sasmalcinātu
- 3 glāzes sasmalcināta fontina siera
- 1 glāze rīvēta parmezāna siera
- 12 līdz 16 gabaliņi plānās šķēlītēs sagrieztu pepperoni

INSTRUKCIJAS:

a) Uzkarsē cepeškrāsni līdz 375 ° F. Ietauko 9 × 13 collu cepamtrauku.

b) Vidējā bļodā saputojiet kopā ķirbi, pienu, oregano, baziliku, muskatriekstu, sarkano piparu pārslas un šķipsniņu sāls un piparu. Atsevišķā vidējā bļodā apvienojiet rikotu, ķiplokus, sasmalcinātu salviju un pētersīļus un pievienojiet sāli un piparus.

c) Sagatavotās cepamās formas apakšā iesmērē ceturtdaļu ķirbju mērces. Pievienojiet 3 vai 4 lazanjas loksnes, salaužot tās pēc vajadzības. Tas ir labi, ja loksnes pilnībā nenosedz mērci. Uzklājiet pusi rikotas maisījuma, pusi no sarkanajiem pipariem, pēc tam 1 glāzi fontīna. Pievienojiet vēl vienu ceturtdaļu ķirbju mērces un uzlieciet 3 vai 4 lazanjas nūdeles. Uzklājiet uz atlikušā rikotas maisījuma, atlikušajiem sarkanajiem pipariem, 1 glāzi fontina un pēc tam vēl vienu ceturtdaļu ķirbju mērces. Pievienojiet atlikušās lazanjas nūdeles un atlikušo ķirbju mērci. Pa virsu apkaisa atlikušo 1 glāzi fontīna, pēc tam parmezāna sieru. Virsū uzliek pepperoni.

d) Mazā bļodiņā iemetiet visas salvijas lapas 2 tējkarotēs olīveļļas. Kārto to virsū lazanjai.

e) Pārklāj lazanju ar foliju un cep 45 minūtes. Palieliniet siltumu līdz 425 °F, noņemiet foliju un cepiet, līdz siers sāk burbuļot, vēl apmēram 10 minūtes. Ļaujiet lazanjai nostāvēties 10 minūtes. Pasniedziet. Visus pārpalikumus uzglabājiet ledusskapī hermētiskā traukā līdz 3 dienām.

23. Kirbju gnocchi ar pancetta

Izgatavo: 4.–6

SASTĀVDAĻAS:
- ½ glāzes rikotas siera
- ½ glāzes ķirbju biezeņa
- 2 olas
- 3 glāzes 00 miltu
- ½ tējkarotes malta ingvera
- 1 tējkarote muskatrieksta, rīvēts
- ½ tējkarotes maltas krustnagliņas
- 1 Ēdamkarote kanēļa
- ½ tējkarotes smaržīgos piparus
- Košera sāls
- Svaigi malti melnie pipari
- Nerafinēta olīveļļa
- 8 unces Šveices mangolds, noņemti kāti
- ½ glāzes rīvēta Pecorino Romano
- 2 ķiploka daiviņas
- 1 ķekars bazilika
- ½ glāzes pignoli riekstu, grauzdēti
- Košera sāls
- Svaigi malti melnie pipari
- 1 glāze olīveļļas
- 8 unces pancetta, sagriezta
- Pekorīno Romano

INSTRUKCIJAS:
a) Apkaisiet divas loksnes pannas ar 00 miltiem.

b) Lai pagatavotu gnocchi mīklu, bļodā sajauciet rikotas sieru, ķirbju biezeni un olas, līdz tie ir labi sajaukti. Atsevišķā traukā sajauciet 00 miltus, ingveru, rīvētu muskatriekstu, krustnagliņas, kanēli, smaržīgos piparus, sāli un svaigi maltus melnos piparus.

c) Pievienojiet miltu maisījumu ķirbju-rikotas maisījumam un samaisiet, līdz maisījums ir tikko sajaukts un maisījums veido bumbu.

d) Uz viegli miltiem apkaisītas virsmas viegli mīciet mīklu apmēram 3 minūtes.

e) Lai pagatavotu gnocchi, nogrieziet nelielu gabaliņu ķirbju mīklas un pārklājiet pārējo ar plastmasas apvalku. Ar rokām izrullējiet mīklas gabalu apmēram 1 collas platā virvē.

f) Izgrieziet 1 collas mīklas gabalus no virves. Izmantojot gnocchi dēli vai dakšiņu, uzmanīgi izrullējiet sagrieztus gnoki pāri tāfelei, lai izveidotu teksturētu virsmu.

g) Novietojiet ķirbju gnoci uz miltiem apkaisītām lokšņu pannām un pārliecinieties, ka gnoki nesaskaras, pretējā gadījumā tie salips kopā. Liek ledusskapī līdz gatavs lietošanai.

h) Lai pagatavotu Šveices mangoldu pesto, lielu sautēšanas pannu pārziež ar smidzinājumu neapstrādātas augstākā labuma olīveļļas, pievieno Šveices mangoldu un vāra, līdz tas ir novīts.

i) Virtuves kombainā pievienojiet savītušu mangoldu, Pecorino Romano, ķiplokus, baziliku, pignoli riekstus, sāli un svaigi maltus melnos piparus. Lēnām ielejiet olīveļļu un apstrādājiet līdz biezenim.

j) Uzkarsē lielu katlu ar sālītu ūdeni līdz vārīšanās temperatūrai.

k) Pa to laiku lielā sautētā pannā uz vidējas uguns pievieno pancetu un vāra, līdz tauki ir izkausēti un kraukšķīgi, apmēram 5 minūtes.

l) Uzmanīgi ievietojiet gnocchi verdošā ūdenī un vāriet, līdz tie peld apmēram 2 līdz 3 minūtes. Izmantojot karoti ar rievām, pievienojiet ķirbju gnocchi pancetta pannai un iemetiet, lai tos apvienotu.

m) Lai pasniegtu, sadaliet gnocchi starp bļodiņām. Dekorē ar svaigi rīvētu Pecorino Romano un Šveices mangolda pesto.

24. Kastaņis un saldie kartupeļi Gnocchi

Veido: 4 porcijas

SASTĀVDAĻAS:
GNOČI
- 1 + ½ tase grauzdētu saldo kartupeļu
- ½ glāzes kastaņu miltu
- ½ glāzes pilnpiena rikotas
- 2 tējkarotes košera sāls
- ½ glāzes bezglutēna miltu
- Baltie pipari pēc garšas
- Kūpināta paprika pēc garšas

SĒŅU UN KASTAŅU RAGU
- 1 glāze pogsēņu, sagriezta 4 daļās
- 2-3 portobello sēnes, sagrieztas smalkās strēmelītēs
- 1 paplāte shimeji sēņu (balta vai brūna)
- ⅓ tase kastaņa, sagriezta kubiņos
- 2 ēdamkarotes sviesta
- 2 šalotes, smalki sagrieztas
- 2 ķiploka daiviņas, smalki sagrieztas
- 1 tējkarote tomātu pastas
- Baltvīns (pēc garšas)
- Košera sāls (pēc garšas)
- 2 ēdamkarotes svaigas salvijas, smalki sagrieztas
- Pētersīļi pēc garšas

PABEIGT
- 2 ēdamkarotes olīveļļas
- Parmezāna siers (pēc garšas)

INSTRUKCIJAS:
GNOČI

a) Uzkarsē cepeškrāsni līdz 380 grādiem.

b) Ar dakšiņu sadursta saldos kartupeļus.

c) Novietojiet saldos kartupeļus uz cepešpannas ar malām un cepiet apmēram 30 minūtes vai līdz tie ir mīksti. Ļaujiet nedaudz atdzist.

d) Nomizojiet saldos kartupeļus un pārnesiet tos virtuves kombainā. Biezenis līdz gludai.

e) Lielā bļodā sajauciet sausās sastāvdaļas (kastaņu miltus, sāli, bezglutēna miltus, baltos piparus un kūpinātu papriku) un novietojiet tās malā.

f) Pārlejiet saldo kartupeļu biezeni lielā bļodā. Pievienojiet rikotu un pievienojiet ¾ no žāvētā maisījuma. Pārvietojiet mīklu uz miltiem nokaisītas darba virsmas un viegli iemasējiet tajā vairāk miltu, līdz mīkla ir sakritusi, bet joprojām ir ļoti mīksta.

g) Sadaliet mīklu 6-8 gabalos un katru gabalu izrullējiet 1 collas biezā virvē.

h) Sagrieziet virves 1 collas garumā un katru gabalu apkaisiet ar miltiem, kas nesatur lipekli.

i) Katru gnocchi izrullējiet pret miltiem apkaisītas dakšiņas zariem, lai izveidotu nelielus ievilkumus.

j) Glabājiet to uz paplātes dzesētājā, līdz esat gatavs to lietot.

SĒŅU UN KASTAŅU RAGU

a) Uz karstas pannas izkausē sviestu un pievieno šķipsniņu sāls.
b) Pievienojiet šalotes, ķiplokus un salviju un sautējiet 10 minūtes, līdz šalotes ir caurspīdīgas.
c) Pievieno visas sēnes un sautē uz lielas uguns, nepārtraukti maisot.
d) Pievienojiet tomātu pastu un baltvīnu un ļaujiet tai samazināties, līdz sēnes ir mīkstas un mīkstas.
e) Uzberiet ragu ar svaigiem sasmalcinātiem pētersīļiem un kubiņos sagrieztiem kastaņiem. Atlikt malā.

PABEIGT

a) Uzkarsē lielu katlu ar sālītu ūdeni līdz vārīšanās temperatūrai. Pievienojiet saldo kartupeļu gnocchi un vāriet, līdz tie uzpeld virspusē, apmēram 3-4 minūtes.
b) Izmantojot karoti ar rievām, pārlieciet gnocchi uz liela šķīvja. Atkārtojiet ar atlikušajiem gnocchi.
c) Lielā sautēšanas pannā izkausē 2 ēdamkarotes olīveļļas.
d) Viegli maisot, pievienojiet gnocchi, līdz gnocchi ir karamelizēti.
e) Pievienojiet sēņu Ragu un pievienojiet dažas ēdamkarotes gnocchi ūdens.
f) Viegli samaisiet un ļaujiet tai pagatavot 2-3 minūtes uz augstas uguns.
g) Pasniedz, virsū apkaisot parmezāna sieru.

25. Makaronu rullīši ar krēmīgu tomātu mērci

Veido: 8 porcijas

SASTĀVDAĻAS:
- 2 makaroni; svaigs 9x12
- 6 unces Prosciuttos; plānās šķēlēs
- 1 mārciņa spinātu; tikai lapas, tvaiks
- 4 unces Ricotta siera
- 2 unces Mocarellas siera
- 4 ēdamkarotes Reggiano parmezāna siera
- Sāls
- Pipari
- Muskatrieksts
- Krēmīga tomātu mērce
- 35 unces plūmju tomātu; nosusināta
- 3 ēdamkarotes Salds sviests
- 2 vidējais sīpols; smalki sagrieztu
- 1 glāze sausā baltvīna
- 2 glāzes vistas buljona
- 1 glāze smagā krējuma

INSTRUKCIJAS:

a) Uzkarsē milzīgu katlu ar sālītu ūdeni līdz vārīšanās temperatūrai. Ielieciet makaronus un vāriet apmēram 2 minūtes.

b) Izņemiet loksnes no ūdens un rūpīgi noskalojiet ar rokturi, pēc tam novietojiet uz plastmasas iesaiņojuma loksnēm. Noslaukiet loksnes augšdaļu ar papīra dvieli un vienā kārtā pārklājiet makaronus ar prosciuttos.

c) Izklājiet spinātu/siera maisījumu virs prosciutto un sarullējiet ar 6 collu malu.

d) Izmantojiet plastmasas iesaiņojumu, lai palīdzētu jums to cieši sarullēt, un pēc tam ietiniet rullīti plastmasas apvalkā un ievietojiet ledusskapī, līdz esat gatavs lietošanai.

Mērce:

a) Lielā pannā izkausē sviestu un apcep sīpolus, līdz tie sāk brūnēt.

b) Pievienojiet vīnu pannā, uzkarsējiet maisījumu līdz vārīšanās temperatūrai un samaziniet šķidrumu līdz apmēram ¼ tasei.

c) Pievienojiet vistas buljonu un samaisiet maisījumu līdz vārīšanās temperatūrai.

d) Samaziniet šo maisījumu, līdz ir apmēram ½ tase. Izspiediet nosusinātos tomātus caur pirkstiem, lai tos sadalītu, un pievienojiet tos samazinātajam šķidrumam pannā, uzkarsē līdz vārīšanās temperatūrai un samaziniet līdz zemas uguns un vāriet uz lēnas uguns apmēram 30 minūtes, uzmanīgi vērojot un bieži maisot.

e) Pievienojiet biezu krējumu, turpiniet lēnām gatavot 10 minūtes.

f) Nogaršo, pievieno garšvielas ar sāli un pipariem.

MONTĀŽA:

a) Izņemiet makaronu ruļļus no plastmasas iesaiņojuma un ielieciet pannā ar mērci.
b) Kad tas ir uzkarsēts, nogrieziet katru ruļļa galu, lai tas būtu vienmērīgs.
c) Pēc tam sagriež rullīti 3 vienādos gabalos.
d) Lai pasniegtu, šķīvja apakšā novietojiet mērces baseinu un uz katras šķīvja ielieciet 2 vai 3 makaronu rullīšus ar ratiņu uz augšu.
e) Apkaisiet ar rīvētu sieru, ja jums tas patīk un izbaudiet.

26. Savvaļas un eksotisko sēņu lazanja

Pagatavo: 9 porcijas

SASTĀVDAĻAS:
- 2 ēdamkarotes olīveļļas
- 1 liels sīpols; malta
- 2 unces prosciutto di Parma; smalki sagrieztu
- 2 ēdamkarotes maltas šalotes
- 2 ēdamkarotes malta ķiploka
- ½ glāzes smalki sagrieztu pētersīļu
- 1 mārciņa dažādu savvaļas un eksotisku sēņu
- 2 ēdamkarotes sasmalcināta bazilika
- 1 ēdamkarote sasmalcināta svaiga oregano
- ⅔ glāze sausa baltvīna
- 1½ mārciņas konservētu sasmalcinātu tomātu; līdz 2 mārciņām
- 2 glāzes svaiga rikotas siera
- 1 ola
- 2 glāzes rīvēta Parmigiano-Reggiano siera
- ½ glāzes rīvēta mocarellas siera
- 1 sāls; pagaršot
- 1 svaigi malti melnie pipari
- 1 mārciņa svaigu makaronu loksnes sagrieztas lazanjās; ceļojumi, blanšēti,
- ½ glāzes bieza krējuma
- ¼ glāzes piena
- 8 žāvētas bazilika lapas

INSTRUKCIJAS:

a) Uzkarsē cepeškrāsni līdz 350 grādiem. Viegli ieeļļojiet 13 x 9 collu taisnstūrveida cepšanas trauku. Lielā sautē pannā uzkarsē olīveļļu.

b) Kad eļļa ir karsta, apcepiet sīpolus un prosciutto apmēram 4 minūtes vai līdz sīpoli ir savīti un nedaudz karamelizēti.

c) Iemaisa ½ glāzes pētersīļus, šalotes un sēnes. Sautē 10 minūtes vai līdz sēnes ir zeltaini brūnas. Garšojiet ar sāli un pipariem.

d) Iemaisa ķiplokus, baziliku un oregano. Izkāš sēņu maisījumu un rezervē šķidrumu. Ielejiet šķidrumu atpakaļ pannā un samaziniet, līdz šķidrums veido glazūru, apmēram 5 minūtes. Laiku pa laikam nokasiet malas, lai atbrīvotos no daļiņām.

e) Pievienojiet vīnu un veiciet to pašu procedūru. Pievienojiet tomātus un turpiniet cept 10 minūtes.

f) Garšojiet ar sāli un pipariem. Pievienojiet sēņu maisījumu mērcei.

g) Bļodā sajauciet Ricotta sieru, olu, atlikušos pētersīļus, ½ tasi rīvētu Parmigiano-Reggiano sieru un Mocarellas sieru.

h) Garšojiet ar sāli un pipariem. Lai saliktu, uzlieciet nelielu daudzumu mērces uz cepešpannas apakšas. Pārkaisa ar parmezāna sieru. Mērcei virsū liek makaronu kārtu. Pārklājiet makaronus ar sieru.

i) Sajauc krējumu ar atlikušo sieru.

j) Garšojiet ar sāli un pipariem. Pārlej lazanjas virsu. Pārklāj lazanju. Cep 30 minūtes zem vāka un 10 līdz 15 minūtes bez vāka vai līdz lazanja ir zeltaini brūna un sacietējusi.

k) Izņem lazanju no cepeškrāsns un ļauj atpūsties 10 minūtes pirms sagriešanas. Šķīvja centrā liek daļu lazanjas.

l) Dekorē ar rīvētu sieru un ceptām bazilika lapiņām.

27. Makaronu rullīši pildīti ar prošuto

Pagatavo: 15 porcijas

SASTĀVDAĻAS:
- 3 glāzes universālo miltu
- 3 olas
- 3 mārciņas Svaigi spināti, noskaloti un ar kātiem
- 3 glāzes Ricotta siera
- 3 olas
- 1½ ēdamkarotes Svaigi rīvēta muskatrieksta
- 1½ glāzes rīvēta parmezāna siera
- Sāls & svaigi malti pipari
- ½ tase plus 1 T ūdens
- 1½ ēdamkarotes olīveļļas
- 24 Papīra plānas prosciutto šķēles
- 18 unces Mocarellas siera, plānās šķēlēs
- Olīvju eļļa
- Saulē kaltētu tomātu vinegrets

Makaroniem: Ievietojiet miltus lielā bļodā. Sajauc olas, ūdeni un eļļu; pievieno miltiem un kārtīgi samaisa. Mīciet uz miltiem apkaisītas virsmas līdz gludai un elastīgai, apmēram 10 minūtes. Nosedziet un ļaujiet atpūsties 15 minūtes.

Pildījumam: Ievietojiet spinātus smagā lielā pannā uz vidējas uguns.

Nosedziet un sautējiet, līdz tas ir vīstošs, ik pa laikam apmaisot. Notecina. Saspiediet sausu. Sasmalciniet spinātus. Lielā bļodā sajauciet rikotu, olas un muskatriekstu. Iemaisa spinātus un parmezānu. Garšojiet ar sāli un pipariem.

Nogrieziet ⅓ no mīklas. Izrullējiet uz viegli miltiem apkaisītas virsmas pēc iespējas plānāk. Izgrieziet līdz 18 x 11 collu taisnstūrim. Apsmērē ar ⅓ spinātu maisījuma, atstājot ½ collas apmali no visām pusēm. Pārklājiet pildījumu ar 8 prosciutto šķēlītēm, pēc tam ⅓ mocarellas. Salokiet 1 collu no katras garās malas virs pildījuma. Īso galu malas noslaukiet ar ūdeni. Sākot ar 1 īsu galu, satiniet makaronus ar želejveida rullīti. Aptiniet marli un sasieniet ar auklu, lai saglabātu formu. Atkārtojiet ar atlikušo mīklu un pildījumu.

Uzkarsē 2 collas ūdens vārīties lielā cepešpannā uz plīts. Pievienojiet makaronu ruļļus. Samaziniet siltumu, pārklājiet un vāriet uz lēnas uguns 35 minūtes.

Izmantojot 2 lāpstiņas, noņemiet ruļļus un atdzesējiet. Viegli noņemiet auklu un marli. Cieši aptiniet un ievietojiet ledusskapī uz nakti.

Sagrieziet makaronu ruļļus ½ collas biezās šķēlēs. Kārto uz šķīvja. Apsmērē ar olīveļļu. Pasniedz istabas temperatūrā ar saulē kaltētu tomātu vinegretu.

28. Spinātu un rikotas pildīti čaumalas

Izgatavojums: 6

SASTĀVDAĻAS:
- 10 unces saldētu spinātu, atkausētu un nosusinātu
- 2 glāzes augu bāzes rikotas
- 1 25 oz burciņu makaronu mērce
- 18 jumbo čaumalas
- Kalpot
- Mandeļu parmezāns
- Svaigi sasmalcināts oregano

INSTRUKCIJAS:
a) Sagatavojiet makaronu čaumalas.
b) Kamēr makaroni tiek gatavoti, sajauciet maisītāja traukā augu izcelsmes rikotu un spinātus.
c) Visu makaronu mērces burku vienmērīgi izklājiet cepšanas trauka apakšā.
d) Piepildiet katru makaronu čaumalu ar noapaļotām ēdamkarotēm rikotas maisījuma un ievietojiet to cepšanas traukā.
e) Cep vismaz 15 minūtes vai līdz mērce ir burbuļojoša. Noņem vāku un cep vēl 10 līdz 15 minūtes.
f) Visbeidzot, pārkaisa ar mandeļu parmezānu un garšaugiem pēc jūsu izvēles. Pasniedziet un izbaudiet!

29. Ravioli buljona zupa ar desu un kāpostu

SASTĀVDAĻAS:

- ½ mārciņas maigas (vai karstas) itāļu desas ar apvalku
- ¼ glāzes sīpolu, sagrieztu kubiņos
- 2 selerijas kāti, kubiņos
- ¼ glāzes saldētu burkānu un zirņu
- 12 unces makaronu mērce
- 4 glāzes vistas kaulu buljona (2 kārbas)
- ¼ glāzes saulē kaltētu tomātu
- 1 (9 unces) iepakojuma siera ravioli
- Puse iepakojuma ar 1 (8 unces) mazuļu kāpostu komplektu
- 2 ēdamkarotes daļēji vājā rikotas siera

INSTRUKCIJAS:

a) Uzkarsē lielu kastroli uz vidēji augstas uguns. Brūna desa 5-7 minūtes, maisot, lai gaļa sabrūk. Vāra, līdz nepaliek rozā krāsa. Desā iemaisa sīpolu, seleriju, burkānus un zirņus un vāra 4 minūtes, bieži maisot.

b) Samaziniet siltumu līdz vidēji zemam. Iemaisa makaronu mērci, vistas kaulu buljonu un saulē kaltētus tomātus. Vāra uz lēnas uguns 8-10 minūtes, laiku pa laikam apmaisot.

c) Pievienojiet mērcei ravioli; vāra 4-5 minūtes vai līdz ravioli ir mīksti.

d) Lai pasniegtu, sadaliet buljona zupu divās pasniegšanas bļodiņās. Katru bļodu pārkaisa ar saujām salātu zaļumiem, pēc tam apkaisa ar salātu pildījumu un pārlej ar mērci. Pabeidziet ar 1 ēdamkaroti rikotas siera katrai bļodiņai un pasniedziet.

30. Sviesta skvoša lazanja

Pagatavo: 12 porcijas

SASTĀVDAĻAS

9 lazanjas nūdeles, vārītas
5 glāzes siltu, garšvielu kartupeļu biezeni,
2 (12 unces) iepakojumi sviesta skvoša
1 1/2 glāzes rikotas siera
1 tējkarote sīpolu pulvera
1/2 tējkarotes muskatrieksta
1 tējkarote sāls
1/2 tējkarotes melnie pipari
1 glāze franču ceptu sīpolu

INSTRUKCIJAS:

Uzkarsē cepeškrāsni līdz 350 ° F.
Izmantojot gatavošanas aerosolu, pārklājiet 9 x 13 collu cepamo trauku.
Lielā maisīšanas traukā samaisiet kartupeļus, riekstu skvošu, rikotas sieru, sīpolu pulveri, muskatriekstu, sāli un melnos piparus. Sagatavotā cepamā trauka apakšā ielieciet 3 nūdeles.
1/3 no kartupeļu maisījuma izklājiet nūdeles. Atkārtojiet slāņus vēl divas reizes.
Cep 45 minūtes ar alumīnija foliju uz augšu; noņemiet foliju un cepiet vēl 8 līdz 10 minūtes vai līdz brūna un sakarsēta.

PICA, PITA UN FOCACCIA

31. Parmezāna un rikotas pica

Pagatavo: 4 porcijas

SASTĀVDAĻAS:
- Medus kviešu picas mīklas recepte
- ¼ glāzes sasmalcinātu pistāciju
- 4 sloksnes kūpināta bekona, šķēlēs
- ½ glāzes parmezāna siera, rīvēts
- 2 ēdamkarotes Extra Virgin olīveļļas
- ½ tējkarotes pipari, svaigi malti
- ½ tase Rainbow maisījuma Micro Greens
- ¼ tējkarotes jūras sāls
- ½ glāzes Ricotta siera

INSTRUKCIJAS:
a) Uzkarsē cepeškrāsni līdz 500 grādiem pēc Fārenheita.
b) Bļodā sajauciet rikotu, parmezānu, olīveļļu, jūras sāli un piparus. Rūpīgi samaisiet.
c) Sagatavoto picas mīklu pārklāj ar pildījumu.
d) Virsū liek pusi pistāciju, pēc tam kārto bekonu.
e) Cep 16 minūtes vai līdz bekons ir kraukšķīgs un mīkla zeltaini brūna.
f) Dekorē ar atlikušajām pistācijām un mikrozaļumiem.

32. Rikotas, bekona un rukolas kastrolītas pica

Izgatavo: 1 pica

SASTĀVDAĻAS:
- 3 glāzes rikotas siera
- 4 zaļie sīpoli, sagriezti pa diagonāli
- 3 ēdamkarotes olīveļļas, sadalītas
- ¼ tējkarotes sarkano piparu pārslu
- 1 veikalā nopērkama plānā picas garoza
- 5 šķēles vārīta bekona, sadrupināta vai vairāk pēc garšas
- ½ glāzes svaigi rīvēta parmezāna siera
- 1 šķipsniņa sāls un malti melnie pipari pēc garšas
- 1 ķekars svaigas rukolas
- 1 citrons, izspiests sulā

INSTRUKCIJAS:
a) Uzkarsē cepeškrāsni līdz 400 grādiem F (200 grādi C).

b) Bļodā sajauciet rikotas sieru, zaļos sīpolus, 1 ēdamkaroti olīveļļas un sarkano piparu pārslas. Izklājiet uz picas garozas.

c) Uz vidējas uguns čuguna pannā uzkarsē atlikušās 2 ēdamkarotes olīveļļas. Ievietojiet pannā picas garozu ar rikotas maisījumu; pievienojiet bekonu un parmezāna sieru un pagatavojiet picas dibenu 3 līdz 4 minūtes.

d) Atstājiet picu pannā un ievietojiet iepriekš uzkarsētā cepeškrāsnī, lai ceptu, līdz picas augšdaļa sāk nedaudz brūnēt, 7 līdz 8 minūtes.

e) Uzmanīgi izņemiet picu no cepeškrāsns un pievienojiet sāli un piparus, rukolu un citrona sulu šādā secībā.

33. Focaccia-veģetārietis

Iznākums: 8 porcijas

Sastāvdaļa
- Focaccia mīkla
- ½ mārciņas spinātu, vārīti, nosusināti
- ½ mārciņas sēnes, sagrieztas
- 2 glāzes zema tauku satura rikotas siera,
- 4 unces Zema tauku satura mocarellas siers
- ¼ glāzes Pētersīļi, svaigi, sasmalcināti
- 1 olas baltums vai olu aizstājējs

Norādes
a) Nokāš rikotas sieru. Izrullējiet mīklu 12x9 taisnstūrī. Pārsmērē ar spinātiem, tad rikotu, tad sēnēm, tad mocarellas sieru. Saritināt.

b) Aplīmējiet malas ar olu baltumu vai olu aizstājēju. Veido apli un apļa galus apzīmogo ar olas baltumu vai olu aizstājēju. Virsu apsmērē ar olu. Cep 350 grādos apmēram 40 minūtes.

34. Krēmveida itāļu pita

Pagatavo: 24 porcijas

SASTĀVDAĻAS:
- 2½ ceturtdaļas Ricotta siera
- 12 unces rīvēts parmezāna siers
- 1 mārciņa Smalki sagrieztas selerijas
- 1 mārciņa tomāti; svaigs, kubiņos
- ¼ glāzes svaiga sasmalcināta bazilika
- Melnie pipari; pagaršot
- Romaine; vai lapu salāti
- 12 veselas pitas kārtas; pārgriež uz pusēm, viegli apgrauzdē

INSTRUKCIJAS:
a) Virtuves kombaina bļodā samaisiet rikotas sieru ar parmezānu, līdz tas ir saputots un sablenderēts.

b) Iemaisa sasmalcinātās selerijas, tomātus un garšvielas.

c) Salieciet sviestmaizi, izklājot katru sasildīto pitas kabatu ar salātu lapu un 4 uncēm pildījuma.

35. Pica Lieldienām

Veido: 1 picu

SASTĀVDAĻAS:
- Saldētas maizes mīkla, atkausēta, ⅔ mārciņas
- Itāļu desa, ½ mārciņas, vārīta
- Mocarella, ½ mārciņas, šķēlēs
- Rikotas siers, 16 unces
- Rīvēts Parmezāna siers, Pusglāze
- Sagriezts provolona siers, ½ mārciņas
- Sagriezts salami, ½ mārciņas
- Sagriezts vārīts šķiņķis, ½ mārciņas
- Sagriezti pepperoni, ½ mārciņas
- 8 olas, sakultas
- Olīvju eļļa
- 1 ola
- 1 tējkarote ūdens

INSTRUKCIJAS:
a) Mīklu kārto atsperu formiņā.
b) Augšā uzliek pusi no katra pildījuma.
c) Atkārtojiet slāņus.
d) Ievietojiet 12 collu mīklu picas augšpusē, lai izveidotu augšējo garozu.
e) Sakuļ kopā 1 olu un ūdeni. Uzklājiet olu mazgāšanas līdzekli picas virsmai.
f) Cep picu 350 grādos 50 līdz 60 minūtes.

36. Grilēta baltā pica ar Soppressata

Veido: 1 liela pica

SASTĀVDAĻAS:
- Viena tradicionālā picas mīkla
- Viena tējkarote sasmalcināta timiāna
- Viena glāze pilnpiena ricotta
- Divas tējkarotes oregano
- Viena ēdamkarote oregano
- Pusi tasi olīveļļas ar ķiploku
- Četras tases sasmalcinātas mocarellas
- Viena glāze rīvēta parmezāna
- Sešas unces sagrieztas Soppressata
- Četras unces nosusinātu un saplēstu ķiršu piparu

INSTRUKCIJAS:
a) Mīklu izklāj uz viegli ar miltiem nokaisītas virsmas.
b) Viegli izrullējiet vai izstiepiet vienu mīklas apli.
c) Pārklājiet ar rikotu, oregano un sasmalcinātu timiānu.
d) Sakārtojiet mīklas virskārtas, sākot ar ķiploku eļļu un pārejot uz mocarellu, parmezānu, Soppressata un ķiršu pipariem.
e) Cepiet picu 5 līdz 10 minūtes no katras puses.

37. Melanzānes pica

Veido: 1 liela pica

SASTĀVDAĻAS:
- 1 Itālijas pamata mīkla
- Olīveļļa, ceturtdaļa glāzes
- Baltvīns (sausais), Viena glāze
- 4 ķiploka daiviņas, sasmalcinātas
- sasmalcinātas oregano lapas, 2 tējkarotes
- Sāls, ½ tējkarote
- Picas mērce, pusglāze
- Svaigi malti melnie pipari, ½ tējkarote
- 1 baklažāns, sagriezts sloksnēs
- Ricotta, istabas temperatūrā, Viena glāze
- Parmigiana, Grana Padano vai Pecorino, smalki sarīvēta, 1 unce
- Mocarella, sasmalcināta, 4 unces

INSTRUKCIJAS:
a) Veidojiet mīklu 14 collu diametra aplī.

b) Dariet to, turot aiz malām un uzmanīgi grozot un izstiepjot mīklu.

c) Ielieciet baklažānu sloksnes pannā karstā eļļā. Pagatavojiet 5 minūtes.

d) Ielieciet oregano, ķiplokus, sāli un piparus.

e) Ielejiet vīnu un nepārtraukti maisiet trīs minūtes.

f) Pa virsu uzklāj sagatavoto garoziņu ar picas mērci.

g) Virsū liek baklažānu maisījumu.

h) Sajauc sieru un apkaisa ar to picu.

i) Grill/cep 16 līdz 18 minūtes.

38. Toskānas stila kotletes plātsmaize

Ienesīgums: 4

Sastāvdaļas
f) 1 iepakojums (16 oz.) Teļa gaļas kotletes
g) 4 amatnieku plātsmaizes garoziņas
h) 4 ķiploka daiviņas, maltas
i) 1 glāze plānās šķēlītēs sagrieztu sarkano sīpolu
j) 2 glāzes marinara mērces
k) 1 ēdamkarote olīveļļas
l) 1 tējkarote sausas itāļu garšvielas
m) 10 unces. svaigi mocarellas baļķi, sagriezti
n) 4 unces. pilnpiena ricotta siers
o) 4 ēdamkarotes plānās šķēlītēs sagriezta svaiga bazilika

Norādes:
a) Uzkarsē cepeškrāsni līdz 425 grādiem pēc Fārenheita.
b) Pagatavojiet kotletes saskaņā ar iepakojuma norādījumiem un pēc tam nolieciet malā.
c) Lielā pannā uz vidējas uguns uzkarsē olīveļļu, tad pievieno sarkano sīpolu un ķiplokus un, laiku pa laikam maisot, cep 4-5 minūtes, līdz kļūst caurspīdīgs un smaržīgs.
d) Pagatavo plātsmaizi uz cepumu loksnes, kas izklāta ar cepampapīru.
e) Vienmērīgi uzklājiet 1/2 tase marinara mērces uz katras plātsmaizes mīklas, pēc tam pievienojiet sausu itāļu garšvielu.
f) Uz katras plātsmaizes liek 5-6 mocarellas šķēles.
g) Gatavās kotletes sagrieziet kārtās un vienādi sadaliet pa katru plātsmaizi. Sadaliet sarkano sīpolu un ķiplokus starp kotletēm.
h) Cep plakanmaizes 8 minūtes. Izņemiet plakanās maizes no cepeškrāsns un apziediet katru ar 4 ēdamkarotes rikotas siera, pēc tam lieciet atpakaļ cepeškrāsnī vēl uz 2 minūtēm, lai rikota sasildītu.
i) Izņem plātsmaizi no cepeškrāsns, pārklāj ar svaigu baziliku un atstāj uz 2 minūtēm, lai atdziest.
j) Sagriež un pasniedz uzreiz.

39. Burikota ar Peperonatu un Oregano

pagatavo 1 picu

Sastāvdaļas

- 1 kārta picas mīklas
- 1 ēdamkarote neapstrādātas augstākā labuma olīveļļas
- Košera sāls
- 1 glāze peperonata
- 4 unces burikotas, sagrieztas 4 vienādos segmentos, vai svaiga rikota
- 1 tējkarote svaigu oregano lapu
- Nerafinēta olīveļļa
- 1 ēdamkarote jūras sāls

Norādes

a) Sagatavo un izstiepj mīklu un uzkarsē cepeškrāsni.

b) Mīklas malu apsmērē ar olīveļļu un visu virsmu apkaisa ar sāli. Izklājiet peperonatu virs picas, atstājot 1 collas malu bez virskārtas. Ja lietojat rikotu, ielieciet to bļodā un enerģiski samaisiet, lai tā kļūtu pūka.

c) Katrā picas kvadrantā ievietojiet vienu burikotas segmentu vai rikotas karoti. Iebīdiet picu cepeškrāsnī un cepiet, līdz garoza ir zeltaini brūna un kraukšķīga, 8 līdz 12 minūtes. Izņemiet picu no cepeškrāsns un sagrieziet to ceturtdaļās, raugoties, lai siers nepārgrieztu.

d) Izkaisiet oregano lapas virs picas, apslakiet sieru ar kvalitatīvu olīveļļu, apkaisa ar jūras sāli un pasniedziet.

40. Toskānas stila kotletes plātsmaize

Ienesīgums: 4

Sastāvdaļas
- 1 iepakojums (16 oz.) Teļa gaļas kotletes
- 4 amatnieku plātsmaizes garoziņas
- 4 ķiploka daiviņas, maltas
- 1 glāze plānās šķēlītēs sagrieztu sarkano sīpolu
- 2 glāzes marinara mērces
- 1 ēdamkarote olīveļļas
- 1 tējkarote sausas itāļu garšvielas
- 10 unces. svaigi mocarellas baļķi, sagriezti
- 4 unces. pilnpiena ricotta siers
- 4 ēdamkarotes plānās šķēlītēs sagriezta svaiga bazilika

Norādes:

a) Uzkarsē cepeškrāsni līdz 425 grādiem pēc Fārenheita.

b) Pagatavojiet kotletes saskaņā ar iepakojuma norādījumiem un pēc tam nolieciet malā.

c) Lielā pannā uz vidējas uguns uzkarsē olīveļļu, tad pievieno sarkano sīpolu un ķiplokus un, laiku pa laikam maisot, cep 4-5 minūtes, līdz kļūst caurspīdīgs un smaržīgs.

d) Pagatavo plātsmaizi uz cepumu loksnes, kas izklāta ar cepampapīru.

e) Vienmērīgi uzklājiet 1/2 tase marinara mērces uz katras plātsmaizes mīklas, pēc tam pievienojiet sausu itāļu garšvielu.

f) Uz katras plātsmaizes liek 5-6 mocarellas šķēles.

g) Gatavās kotletes sagrieziet kārtās un vienādi sadaliet pa katru plātsmaizi. Sadaliet sarkano sīpolu un ķiplokus starp kotletēm.

h) Cep plakanmaizes 8 minūtes. Izņemiet plakanās maizes no cepeškrāsns un apziediet katru ar 4 ēdamkarotes rikotas siera, pēc tam lieciet atpakaļ cepeškrāsnī vēl uz 2 minūtēm, lai rikota sasildītu.

i) Izņem plātsmaizi no cepeškrāsns, pārklāj ar svaigu baziliku un atstāj uz 2 minūtēm, lai atdziest.

j) Sagriež un pasniedz uzreiz.

KANOLI

41. Cannoli siera kūka bez cepšanas ar šokolādi

Pagatavo: 8 porcijas

SASTĀVDAĻAS:
- 4 unces cannoli čaumalas
- ½ glāzes cukura
- ½ glāzes Graham krekinga drupatas
- ⅓ glāzes sviesta, kausēta

PILDĪJUMS:
- Divi 8 unces krējuma siera iepakojumi, mīkstināti
- 1 glāze konditorejas cukura
- ½ tējkarotes rīvētas apelsīna miziņas
- ¼ tējkarotes malta kanēļa
- ¾ glāzes daļēji vājā rikotas siera
- 1 tējkarote vaniļas ekstrakta
- ½ tējkarotes ruma ekstrakta
- ½ tase miniatūras pussaldas šokolādes skaidiņas
- Sasmalcinātas pistācijas, pēc izvēles

INSTRUKCIJAS:
a) Pulciniet kanoļu čaumalas virtuves kombainā, līdz izveidojas rupjas drupatas. Pievienojiet cukuru, krekeru drupatas un izkausētu sviestu; pulss tikai līdz apvienošanai. Nospiediet uz ietaukotas 9 collu apakšas un augšpusi. pīrāga šķīvis. Liek ledusskapī līdz stingrai, apmēram 1 stundu.
b) Sakuliet pirmās 4 pildījuma sastāvdaļas, līdz tās ir sajauktas. Sakuļ rikotas sieru un ekstraktus. Iemaisa šokolādes skaidiņas. Izklājiet garozā.
c) Liek ledusskapī, vāku, līdz sacietē, apmēram 4 stundas. Ja vēlas, pārkaisa ar pistācijām.

42. **Baileys cannoli**

SASTĀVDAĻAS:
- 500g svaigas rikotas, notecinātas
- 1/3 tase pūdercukura
- 1/4 tase Baileys īru krējuma liķiera
- 3/4 glāzes tumšās šokolādes skaidiņas, smalki sagrieztas
- 1/4 tase lazdu rieksti, grauzdēti, smalki sagriezti
- 1/4 tase pistācijas, smalki sagrieztas
- 2 ēdamkarotes piena
- 15 mini cannoli čaumalas

INSTRUKCIJAS:
a) Ievietojiet rikotu, cukuru un 30 ml Baileys bļodā. Sakuļ kopā līdz gludai.

b) Ja maisījums šķiet sauss, pievienojiet nedaudz piena, līdz iegūstat biezu konsistenci.

c) Bļodā apvienojiet riekstus. Pievienojiet rikotas maisījumam 1/4 tase sasmalcinātas šokolādes kopā ar divām trešdaļām riekstu, samaisiet, līdz tas ir apvienots. Ievietojiet rikotas maisījumu ledusskapī uz 1 stundu vai līdz tas ir atdzisis.

d) Tikmēr nelielā katliņā ievietojiet pienu, atlikušās bailes un šokolādi.

e) Vāra, maisot, uz lēnas uguns 1-2 minūtes vai līdz gluda un apvienota, neuzkarsē līdz vārīšanās temperatūrai.

f) Izmantojiet cauruļu maisiņu, kas aprīkots ar 1 cm garu sprauslu, lai rikotas maisījumu ievadītu abos cannoli čaumalu galos.

g) Novietojiet kanoli uz pasniegšanas šķīvja. Pārlej ar šokolādes mērci un pārkaisa ar atlikušajiem riekstiem.

h) Atlikušo šokolādi lej mazā krūzē un pasniedz kopā ar cannoli.

43. Air Fryer Cannoli

Izgatavojumi: 4

SASTĀVDAĻAS:
PILDĪJUMS:
- 1 rikotas trauks
- ½ glāzes maskarpones siera
- ½ glāzes pūdercukura, sadalīts
- ¾ glāzes bieza krējuma
- 1 tējkarote vaniļas ekstrakta
- 1 tējkarote apelsīna miziņas
- ¼ tējkarotes košera sāls
- ½ glāzes mini šokolādes skaidiņas, dekorēšanai

čaulas:
- 2 glāzes universālo miltu
- ¼ glāzes granulēta cukura
- 1 tējkarote košera sāls
- ½ tējkarotes kanēļa
- 4 ēdamkarotes auksta sviesta, sagriezta kubiņos
- 6 ēdamkarotes baltvīna
- 1 liela ola
- 1 olas baltums smērēšanai
- Augu eļļa cepšanai

INSTRUKCIJAS:

a) Pildījumam visas sastāvdaļas sakuļ mikserī un iemaisa putukrējumu.
b) Nosedziet un atdzesējiet šo pildījumu uz 1 stundu.
c) Visas čaumalas sastāvdaļas sajauc bļodā līdz gludai.
d) Pārklāj šo mīklu un liek ledusskapī uz 1 stundu.
e) Sagatavoto mīklu izrullējiet ⅛ collu biezā loksnē.
f) No sagatavotās mīklas izgrieziet 4 mazus aplīšus un aptiniet to ap cannoli veidnēm.
g) Sagatavoto mīklu apsmērē ar olu baltumiem, lai malas noslēgtu.
h) Novietojiet čaumalas gaisa cepšanas grozā.
i) Pārnesiet grozu uz Air Fryer Oven un aizveriet durvis.
j) Izvēlieties "Air Fry" režīmu, griežot ripu.
k) Nospiediet pogu TIME/SLICES un mainiet vērtību uz 12 minūtēm.
l) Nospiediet pogu TEMP/SHADE un mainiet vērtību uz 350 °F.
m) Nospiediet Start/Stop, lai sāktu gatavošanu.
n) Ievietojiet pildījumu konditorejas maisiņā ar atvērtu zvaigznītes galu. Pildījumu salieciet čaumalās, pēc tam iemērciet galus mini šokolādes skaidiņās.
o) Sagatavoto pildījumu pārnes maisā.
p) Ielejiet pildījumu cannoli čaumalās.
q) Pasniedziet.

44. Kanoli ar rikotas pildījumu

Pagatavo: 12 porcijas

SASTĀVDAĻAS:
- 1⅓ glāze miltu
- 1 ēdamkarote saīsināšana Šķipsniņa sāls
- 1 mārciņa Ricotta
- 2 tējkarotes Pussaldas šokolādes skaidiņas
- 1 ēdamkarote cukurotu apelsīna miziņu, smalki sagrieztu
- ½ tējkarotes cukura vīna, salda vai sausa
- 1 Jigger creme de kakao vai cits liķieris
- 2 ēdamkarotes Cukurs

INSTRUKCIJAS:
a) Sajauc miltus, sacepumu, sāli un cukuru. Pievienojiet tik daudz vīna, lai izveidotu stingru, bet izturīgu mīklu.
b) Satīt bumbiņā; ļauj nostāvēties 1 stundu. Izrullējiet mīklu ⅛ collu biezumā. Sagriež 5 collu kvadrātos.
c) Novietojiet cannoli cauruli pāri laukuma stūriem. (Cannoli caurulei jābūt 8 collas garai un 1 collas diametram).
d) Vispirms salieciet vienu stūri ap cauruli, tad otru un saspiediet kopā.
e) Cepiet pa vienam dziļos taukos līdz tumši zeltaini brūnai.
f) Uzmanīgi izņemiet kanoli un ļaujiet atdzist pirms pildīšanas.

45. Pistācijas un sprinkles Cannoli

Pagatavo: 16 porcijas

SASTĀVDAĻAS:
- 1½ glāzes pilnpiena rikotas siera; labi nosusināts
- 3 ēdamkarotes Cukurs
- 1½ tējkarotes kanēļa
- 1 glāze universālu miltu
- 1 ēdamkarote Cukurs
- 1 ēdamkarote sviesta vai speķa
- 4 ēdamkarotes saldā Marsalas vīna
- 1½ glāzes piena šokolādes; rupji sagrieztu
- ¼ glāzes pistāciju rieksti; rupji sakapātu vai sausu baltvīnu
- 2 glāzes augu eļļas
- Krāsaini smidzinātāji
- Konditorejas cukurs

INSTRUKCIJAS:
a) Bļodā apvienojiet visas pildījuma sastāvdaļas un labi samaisiet.
b) Atdzesējiet, pārklātu, līdz esat gatavs pildīt cannoli čaumalas.
c) Lai pagatavotu mīklu, ievietojiet miltus bļodā vai virtuves kombainā. Pievienojiet sviestu vai speķi un cukuru un samaisiet ar dakšiņu vai pākšaugu, līdz maisījums atgādina rupju miltu. Lēnām pievienojiet ¼ tasi vīna un izveidojiet maisījumu bumbiņā; pievienojiet vēl nedaudz vīna, ja mīkla šķiet pārāk sausa. Tam jābūt mīkstam, bet ne lipīgam. Mīklu mīca uz miltiem apkaisītas virsmas līdz gludai, apmēram 10 minūtes. Aptiniet mīklu un ievietojiet ledusskapī uz 45 minūtēm.
d) Atdzesētu mīklu liek uz miltiem nokaisītas darba virsmas. Sadaliet mīklu uz pusēm. Vienlaicīgi strādājiet ar 1 mīklas gabalu; atlikušo mīklu turiet ledusskapī. Izrullējiet mīklu ļoti plānā garā taisnstūrī, kas ir aptuveni 14 collas garš un 3 collas plats, vai nu ar rokām, vai izmantojot makaronu mašīnu, kas iestatīta uz vislabāko iestatījumu. Sagrieziet mīklu 3 collu kvadrātos. Novietojiet cannoli formu pa diagonāli pāri 1 kvadrātam. Izrullējiet mīklu ap formu tā, lai punkti saskartos centrā. Noslēdziet punktus ar nedaudz ūdens. Turpiniet veidot cilindrus, līdz ir izlietota visa mīkla.
e) Elektriskajā pannā uzkarsējiet augu eļļu līdz 375 F. Cepiet kanoļus pa 3 vai 4 vienlaikus, apgriežot, kamēr tie kļūst brūni un veidojas pūšļi, līdz tie no visām pusēm kļūst zeltaini brūni. Nosusiniet tos uz brūna papīra. Kad tie ir pietiekami atdzisuši, lai tos varētu apstrādāt, uzmanīgi nobīdiet kanoli no veidlapām.
f) Pasniegšanai izmantojiet garu ledus tējas karoti vai konditorejas maisiņu bez uzgaļa, lai piepildītu kanoli ar rikotas siera maisījumu. Iegremdējiet galus krāsainos smidzinājumos, izkārtojiet tos uz paplātes un pārkaisiet tos ar konditorejas cukuru. Pasniedz uzreiz.

46. Marsala vīns Cannoli

Pagatavo: 4 porcijas

SASTĀVDAĻAS:
- 1⅓ glāze miltu
- Šķipsna sāls
- ½ tējkarotes cukura
- 1 ēdamkarote rīvētas apelsīna vai citrona miziņas
- 1 mārciņa Ricotta siera
- 2 ēdamkarotes miniatūru šokolādes gabaliņu vai
- Sasmalcināta pussalda šokolāde
- 1 ēdamkarote Sviesta
- Marsalas vīns
- 1 Olas baltums, sakults
- Eļļa; cepšanai
- 1 ēdamkarote citrona sukādes vai glazēta
- Augļi; sašķelts
- 2 ēdamkarotes Cukurs

INSTRUKCIJAS:
a) MAkaroni: sajauciet miltus, sāli, cukuru, citrusaugļu miziņu un sviestu un labi samaisiet. Pievienojiet Marsala pa tējkarotēm, līdz mīkla ir stingra. Atdzesē 2 stundas. Mīklu izrullē uz viegli miltiem apkaisīta dēļa lielā taisnstūrī.
b) Sagrieziet 4 collu kvadrātos. Aptiniet kvadrātiņus ap cannoli caurulēm tā, lai 2 stūri būtu pārlocīti un divi stūri būtu vērsti uz āru. Apsmērējiet pieskaramos stūrus ar olu baltumu, lai tie saliptu kopā.
c) Cep karstā eļļā līdz zeltainam. Atdzesē un izņem no caurulēm. Aizpildiet.
d) Pagatavo no 10 līdz 12 cannoli. Ja jums nav cannoli caurulīšu, izveidojiet 2 collu diametra caurules no izturīgas alumīnija folijas un attiecīgi salokiet mīklu.
e) PILDĪJUMS: Sajauc visas sastāvdaļas un piepilda kanoli.

47. Apelsīnu Cannoli

Pagatavo: 1 porcija

SASTĀVDAĻAS:
- 5½ glāzes universālu miltu
- ¼ tējkarotes kanēļa
- 1 tējkarote Cukurs
- 1 tējkarote nesaldināts kakao pulveris
- 2 ēdamkarotes nesālīta sviesta
- 3 ēdamkarotes Marsala
- 1 mārciņa aitas piena rikotas
- ½ glāzes īpaši smalka cukura
- 1 ēdamkarote vaniļas
- 4 ēdamkarotes apelsīna miziņas
- ¼ glāzes sīkas šokolādes skaidiņas
- 1 olu baltums; viegli sita
- 2 kvartas rapšu eļļas; cepšanai
- Pūdercukurs; putekļu tīrīšanai

INSTRUKCIJAS:

a) Sajauc kopā sausās sastāvdaļas un ar 2 nažiem sagriež sviestā. Pievienojiet Marsala un veidojiet mīklu bumbiņā. Ietin plastmasā un atdzesē.

b) Sildiet 2 kvartas rapšu eļļas 31/2 kvarta katlā līdz 350 grādiem.

c) Bļodā samaisiet rikotu, cukuru, vaniļu, apelsīna miziņu un šokolādes skaidiņas, līdz tās ir labi sajauktas. Ielejiet konditorejas maisiņā ar atvērtu galu un ievietojiet ledusskapī. Mīklu izņem no ledusskapja un sadala 4 daļās. Izrullējiet vienu gabalu uz līdzenas virsmas ar rullīti līdz 1/16 collu biezumam. Izgrieziet 4 collu apļos. Izmantojot rullīti, izstiepiet apļus ovālos formās. Aptiniet ovālus gareniski ap metāla formiņām un aplīmējiet malas ar olu baltumiem. Uzliesmojuma galus atver ar pirkstiem un liek karstā eļļā un apcep līdz zeltaini brūnai, apmēram 2 līdz 3 minūtes. Izņem un ļauj notecināt uz papīra dvieļiem. Kad tas ir pietiekami atdzisis, lai pieskartos, pagrieziet veidnes prom no čaumalām. Čaumalas var izgatavot 1 dienu iepriekš, un tās var palikt nepiepildītas un neaizsegtas. Kad esat gatavs ēst, piepildiet cannoli ar rikotas krēmu, pārkaisiet ar pūdercukuru un pasniedziet.

48. Oranžā Kirasao Kanoli

Pagatavo: 12 porcijas

SASTĀVDAĻAS:
- 1¾ glāzes milti; aptuveni
- 1 ēdamkarote Cukurs
- ¼ tējkarotes Sāls
- 1 tējkarote kanēlis
- 3 ēdamkarotes Vīna etiķa; (saglabā tos kraukšķīgus)
- 1 ola
- 1 ēdamkarote sviesta vai margarīna; istabas temperatūrā
- 1 mārciņa Ricotta siera
- ½ glāzes konditorejas cukura
- ¼ tējkarotes vaniļas ekstrakta
- 2 ēdamkarotes Smalki maltas sukādes apelsīna miziņas; vai citronu
- 3 ēdamkarotes šokolādes
- ½ tējkarotes kanēļa
- 2 ēdamkarotes Orange Curacao; (neobligāti)
- 1 olu baltums; tīrīt
- ¼ glāzes sasmalcinātu pistāciju; vai citi rieksti dekorēšanai; (neobligāti)
- 1 ēdamkarote konditorejas cukura; lai apkaisītu
- Eļļa; dziļai cepšanai

INSTRUKCIJAS:
MĪKLA:
a) Izmantojiet savu elektrisko maisītāju. Bļodā mēra 1 glāzi miltu, cukuru, sāli un kanēli. Pievienojiet bļodu un mīklas āķi.

b) Ieslēdziet vidēji lēnu ātrumu un blendējiet apmēram 45 sekundes. Kad maisītājs darbojas, pievienojiet etiķi, ūdeni, olu un sviestu. Samaisiet, lai blendētu 2 līdz 3 minūtes.

c) Pievienojiet atlikušos miltus, pa ¼ glāzei pēc vajadzības, lai izveidotu mīklu, kas pielīp pie āķa.

d) Mīca 5 minūtes. Ja mīkla pielīp pie bļodas malām, pievienojiet miltus. Mīkla būs gluda un elastīga.

e) Mīksto mīklu ietiniet folijā vai plastmasā un ievietojiet ledusskapī, lai atpūstos un atdzesētu vismaz 1 stundu.
f) Sildiet vismaz 2 collas augu eļļas līdz 375 grādiem.
g) Novietojiet mīklu uz miltiem apkaisītas darba virsmas un izrullējiet ļoti plānu — 1/16 collas vai mazāk! Nesteidzies. Kad mīkla atvelkas, ļaujiet tai atslābt. Ja tas kļūst mīksts un pielīp, ievietojiet to atpakaļ ledusskapī uz 5 vai 10 minūtēm.
h) Izgrieziet 4½ collas apļus (daudzu mazu margarīna tvertņu vāku lielums!) Izrullējiet mīklas atlikumus un turpiniet, līdz visa mīkla ir izlietota. Jums vajadzētu būt 12 līdz 14 apļiem.
i) Kad apļi ir sagriezti, vēlreiz sarullējiet tieši pirms likšanas uz cannoli tūbiņām. Tas tiem piešķirs ovālu formu, apmēram 5 collas x 4,5 collas.
j) Novietojiet mīklu tā, lai tās garākais izmērs būtu metāla caurules garums. Mīklas galu apsmērē ar olas baltumu, lai tas būtu blīvs. Nodevu mīkla uz caurules.
k) Dziļā cepšana. Laika ilgums būs atkarīgs no čaumalu biezuma. Ļoti plānam apvalkam būs nepieciešamas apmēram 2 minūtes. Biezāka čaula var prasīt līdz 6 minūtēm. Cep divus vai trīs vienlaikus.
l) Cepšanas laikā vienreiz apgrieziet. Cep līdz zeltaini brūnai. Noņem ar knaiblēm. Atdzesējiet dažas minūtes un pēc tam izspiediet caurules, lai tās atkal izmantotu. Pirms pildīšanas čaumalas pilnībā atdzesē.

PILDĪJUMS:
m) Bļodā ar lāpstiņu vai koka karoti vai ar elektrisko mikseri sakuļ rikotas sieru līdz gludai, apmēram 5 minūtes. Pievienojiet konditorejas cukuru, vaniļu, sukādes, šokolādi, kanēli un apelsīnu kurakao. Turpiniet kult vēl 4 vai 5 minūtes.
n) Liek ledusskapī, līdz gatavs pildīt čaumalas.
o) Ar nelielu karoti iebāziet čaumalās pildījumu. Iemērciet galus sasmalcinātos riekstos. Pāri čaumalām izsijā konditorejas cukuru un pasniedz.

49. Amaretto Cannoli

Veido: 6 porcijas

SASTĀVDAĻAS:
- 2¾ glāzes universālu miltu; izsijāti
- 2 ēdamkarotes Cukurs
- ¼ glāzes sviesta
- 1 ola; piekauts
- ⅔ tase Marsalas vīna; vai šeriju vai saldo vīnu
- 1 Olu baltums
- Eļļa; cepšanai
- 1 mārciņa Ricotta siera
- 2 glāzes konditorejas cukura; izsijāti
- ⅓ glāze sukādes; smalki sakapāts (sajaukts ar cukurotiem ķiršiem)
- 2 unces Bittersweet šokolādes skaidiņas
- 2 ēdamkarotes Amaretto; vai Maraschino liķieris

INSTRUKCIJAS:

a) Mīklai: sajauc miltus un cukuru un iegriež sviestā. Pakāpeniski pievienojiet olu un vīnu, pēc tam izveidojiet maisījumu bumbiņā. Mīciet mīklu līdz gludai, apmēram 5 minūtes.

b) Nosedziet un ļaujiet nostāvēties vismaz 1 stundu.

c) Pildījums: Rikotas sieru izspiež caur sietu maisītāja traukā. Pievieno cukuru, rezervējot 2 ēdamkarotes. Pievienojiet sukādes ar ķiršiem un šokolādes skaidiņām. Atdzesē ledusskapī.

d) Tikmēr uz miltiem apkaisītas virsmas izrullējiet mīklu papīra plānās kārtās, kuru diametrs ir aptuveni 4 collas. Aptiniet cannoli tūbiņas, kuras ir nosmērētas ar olīveļļu. Pārklājiet ar olu baltumu uz pārloka, lai tas noslēgtos.

e) Sildiet eļļu līdz 380 F un apcepiet mīklu. Nosusiniet uz vairākām papīra dvieļu kārtām. Atdzesējiet, pēc tam uzmanīgi izbīdiet metāla caurules. Kad mīkla būs gatava pasniegšanai, nevis pirms tam, jo mīkla kļūs piemirkusi, caur konditorejas maisiņa lielāko sprauslu ievietojiet pildījumu. Katrā galā ielieciet vairākas šokolādes skaidiņas pildījumā.

f) Apkaisiet ar atlikušo konditorejas cukuru un nekavējoties pasniedziet.

50. Cannoli alla siciliana

Pagatavo: 12 porcijas

SASTĀVDAĻAS:
čaulas:
- 2 glāzes universālo miltu
- 2 ēdamkarotes Saīsināšana
- 1 tējkarote Cukurs
- ¼ tējkarotes Sāls
- ¾ tase Vīna, Marsalas, Burgundijas vai Chablis
- Dārzeņu eļļa

PILDĪJUMS:
- 3 glāzes Ricotta
- ½ glāzes konditorejas cukura
- ¼ glāzes kanēļa
- ½ kvadrāts nesaldināts
- Rīvēta šokolāde VAI
- ½ ēdamkarotes kakao (abi pēc izvēles)
- ½ tējkarotes vaniļas
- 3 ēdamkarotes citrona mizas, sasmalcinātas
- 3 ēdamkarotes apelsīnu mizas, sukādes, sasmalcinātas
- 6 Glace ķirši, sagriezti

INSTRUKCIJAS:

a) čaumalas: Sajauc miltus, sacepumu, cukuru un sāli un pakāpeniski samitrina ar vīnu, mīca kopā ar pirkstiem, līdz izveidojas diezgan cieta mīkla vai pasta. Veido bumbiņu, pārklāj ar audumu un ļauj nostāvēties apmēram 1 stundu.

b) Pārgrieziet mīklu uz pusēm un pusi mīklas izrullējiet plānā loksnē, kuras biezums ir apmēram ¼ collas.

c) Sagriež 4 collu kvadrātos. Novietojiet metāla cauruli pa diagonāli pāri katram kvadrātam no viena punkta uz otru, aptinot mīklu ap cauruli, abus punktus pārklājot un pārklājošos punktus noblīvējot ar nedaudz olu baltuma.

d) Tikmēr lielā dziļā pannā uzkarsē augu eļļu dziļai cepšanai. Ielejiet vienu vai divas mēģenes karstā eļļā. Viegli apcepiet, līdz mīkla ir zeltaini brūnā krāsā.

e) Noņemiet no pannas, ļaujiet atdzist un uzmanīgi noņemiet apvalku no metāla caurules.

f) Noliek čaumalas malā atdzist. Atkārtojiet procedūru, līdz ir izgatavoti visi čaumalas.

g) PILDĪJUMS: Rūpīgi samaisiet rikotu ar izsijātām sausajām sastāvdaļām. Pievienojiet vaniļu un augļu mizu. Samaisiet un labi samaisiet.

h) Pirms čaumalu pildīšanas atdzesējiet ledusskapī.

i) Piepildiet aukstās cannoli čaumalas; vienmērīgu pildījumu katrā čaumalas galā. Katru galu izrotājiet ar glace ķirša gabaliņu un apkaisiet čaumalas ar konditorejas cukuru. Liek ledusskapī līdz gatavs pasniegšanai.

j) Tie ir vislabākie, ja tie tiek aizpildīti tieši pirms jūsu uzņēmuma ierašanās.

51. Cannoli krēmveida pica

Pagatavo: 1 porcija

SASTĀVDAĻAS:
- Deserta picas čaumalas
- 1 glāze konditorejas cukura
- 6 glāzes Ricotta siera, labi notecināts
- 1¼ glāze sukādes, smalki sagriezti
- 2 tējkarotes vaniļas ekstrakta
- 2 unces Semisweet miniatūras šokolādes skaidiņas
- Nesālītas pistācijas, rupji sagrieztas
- Nesaldināts kakao pulveris

INSTRUKCIJAS:
a) Virtuves kombainā vai maisītāja traukā saputo konditorejas cukuru ar rikotas sieru līdz gludai un krēmīgai konsistencei.
b) Ielieciet sukādes, vaniļas un šokolādes skaidiņas. Pirms lietošanas atdzesējiet divas līdz trīs stundas ar vāku.
c) Pārklājiet cannoli krēma kārtu virs izceptās picas čaumalas.
d) Sasmalcinātas pistācijas pārkaisa pār sieru. Ja vēlaties, viegli apkaisiet ar kakao pulveri.

52. Cannoli pīrāgs

Pagatavo: 1 porcija

SASTĀVDAĻAS:
- 1½ mārciņas Ricotta siera
- 1½ glāzes konditorejas cukura
- 3 ēdamkarotes smagā krējuma
- 12 Ķirši, ceturtdaļās
- 2 unces Baker's saldās šokolādes
- 2 unces sasmalcinātas mandeles
- 1 Sagatavota šokolādes garoza
- Rīvēta maizes saldā šokolāde

INSTRUKCIJAS:
a) Lielā maisīšanas traukā apvienojiet rikotas sieru, konditorejas cukuru un smago krējumu; labi samaisa līdz gludai un krēmīgai konsistencei.
b) Pievienojiet ķiršus, 2 unces šokolādes un mandeles; samaisa, lai sajauktos.
c) Ielejiet sagatavotajā garozā. Ja vēlaties, dekorējiet ar rīvētu šokolādi.
d) Pārklāj ar foliju un sasaldē 3 stundas pirms pasniegšanas. (Ja pīrāgs kļūst ciets, ļaujiet nedaudz mīkstināt pirms pasniegšanas.

53. Cannoli bērniem

Pagatavo: 10 porcijas

SASTĀVDAĻAS:
- 15 unces daļēji vājš rikotas siers
- ⅔ glāze konditorejas cukura
- ½ tējkarotes rīvētas apelsīna miziņas
- ½ tējkarotes vaniļas ekstrakta
- 2 ēdamkarotes miniatūras šokolādes skaidiņas
- 10 cukura saldējuma konusi

INSTRUKCIJAS:

a) Lielā bļodā ar elektrisko mikseri zemā līmenī saputojiet rikotas sieru, cukuru, apelsīna miziņu un vaniļu līdz gludai. Iemaisa šokolādes skaidiņas. Nosedziet un atdzesējiet 30 minūtes.

b) Lai pasniegtu, ievietojiet maisījumu tieši saldējuma čiekuriņos vai dekorēšanas maisiņā bez uzgaļa un pēc tam ielieciet konusiņos.

54. Cannoli čaumalas un pildījums

Pagatavo: 1 porcija

SASTĀVDAĻAS:
- 1½ glāze Miltu
- ½ tējkarotes Cepamais pulveris
- 1 Olu baltums
- ¼ tējkarotes Sāls
- 2 ēdamkarotes Sviesta
- 8 unces Ricotta siera
- ½ glāzes putukrējuma
- ¼ glāzes pūdercukura
- 1 tējkarote vaniļas
- ¼ glāzes miniatūras šokolādes skaidiņas

INSTRUKCIJAS:
a) Izsijā miltus, sāli un cepamo pulveri. Iegriež sviestā; labi mīcīt. Uz miltiem apkaisīta dēļa izrullējiet mīklu līdz 1/16 collu biezai. Sagriež 4 collu kvadrātos.

b) Ar rullīti sarullējiet kvadrātus ovālos. Aptiniet katru ovālu ap Cannoli cauruli. Apzīmogo malu ar olu baltumu. Cepiet 2 vienā reizē 350 grādu eļļā 1 līdz 2 minūtes. Turiet caurules ar nūjiņām, lai tās notecinātu. Atdzesē 5 minūtes. Uzmanīgi noņemiet caurules. Izgatavo 12 čaulas.

c) Pildījums: Blenderī sajauc sieru, krējumu, cukuru un vaniļu. Ielieciet šokolādes skaidiņas. Piepildiet Cannoli čaumalas. Pārkaisa ar pūdercukuru. Dekorē ar šokolādes sīrupu. Aizpildiet 12 čaulas.

55. Cannoli uzkodas

Izgatavo: 50 porcijas

SASTĀVDAĻAS:
- 8 unces daļēji vājš rikotas siers
- 3 ēdamkarotes konditorejas cukura
- 1 tējkarote rīvēta apelsīna miziņa
- 50 Melbas apļi vai cepeši
- ¼ glāzes kanēļa vai kakao pulvera; pagaršot

INSTRUKCIJAS:
a) Mazā bļodiņā samaisiet sieru, cukuru un apelsīna miziņu.
b) Uz katras melbas kārtas izklājiet apmēram 1 tējkaroti maisījuma.
c) Apkaisa ar kanēli vai kakao.

56. Šokolādes cannoli

Pagatavo: 9 porcijas

SASTĀVDAĻAS:
- 1 mārciņa Ricotta - nosusina, ja nepieciešams
- 1 glāze pūdercukura
- ½ glāzes valrieksti, grauzdēti, sasmalcināti
- 1 glāze Miltu - universāls
- 1 tējkarote Cepamais pulveris
- 1 tējkarote pūdercukurs
- Šķipsniņu sāli
- ⅓ tase alus
- 1 ēdamkarote Nesālīta sviesta - istaba
- ⅓ tase Šokolādes čipsi - pussaldie
- 1 tējkarote Apelsīna miziņa - sarīvēta
- ½ tējkarote Laima miza - sarīvēta temperatūra
- 1 katra ola - saputo, lai sablenderētu
- 1 tējkarote vaniļas
- Augu eļļa dziļai cepšanai

INSTRUKCIJAS:

a) PILDĪJUMAM: Sasmalciniet rikotu un cukuru kombainā līdz gludai.

b) Pārnes uz lielu bļodu. Sajauc nākamās 4 sastāvdaļas. Pārklājiet un atdzesējiet, līdz tas ir labi atdzesēts. (Var sagatavot 1 dienu uz priekšu.)

c) Pirms lietošanas uzsildiet pildījumu līdz istabas temperatūrai.

d) MĪKLAI: Lielā bļodā apvienojiet miltus, cepamo pulveri, cukuru un šķipsniņu sāls. Labi izveidojiet centrā. Ielieciet alu, sviestu, pusi olas (atliku citai lietošanai) un vaniļu. Pakāpeniski ievelciet miltus no iedobes malas centrā, līdz visi milti ir pievienoti. Uz viegli miltiem apkaisītas virsmas mīciet mīklu līdz gludai.

e) Nosedziet un ļaujiet nostāvēties 1 stundu. Izrullējiet mīklu 12 collu kvadrātā.

f) Sagriež deviņos 4 collu kvadrātos. Aptiniet 1 kvadrātu ap katru cannoli formu, noslaukiet malas ar ūdeni un viegli piespiediet, lai noslēgtu. Uzkarsē eļļu fritē vai smagā lielā pannā līdz 350 F.

g) Pakāpēs pievienojiet kanoli un vāriet līdz zeltaini brūnai, laiku pa laikam apgriežot, apmēram 4 minūtes. Nosusina uz papīra dvieļiem. Noņemiet čaumalas no cannoli formām.

h) Forši. Ielieciet pildījumu konditorejas maisiņā bez gala. Caurules pildījums cannoli čaumalās.

57. Ar šokolādi pārklāts cannolis

Pagatavo: 12 porcijas

SASTĀVDAĻAS:
- 2 glāzes rikotas siera
- 1 glāze konditorejas cukura
- 1 ēdamkarote tīra vaniļas ekstrakta
- 2 ēdamkarotes ruma
- 12 cannoli čaumalas
- ½ mārciņas pussaldās šokolādes; izkusis
- 2 ēdamkarotes cukurotu citrona miziņu
- 2 ēdamkarotes cukurotu apelsīnu miziņu

INSTRUKCIJAS:
a) Bļodā saputo sieru, cukuru, vaniļu un rumu. Kārtīgi samaisa.
b) Piepildiet konditorejas maisiņu ar siera maisījumu. Piepildiet katru cannoli čaumalu ar apmēram ¼ tasi pildījuma. Izklājiet cepešpannu ar pergamentu vai vaskotu papīru. Pusi no katras cannoli iemērciet izkausētajā šokolādē.
c) Atlikušo pusi pārkaisa ar citrona un apelsīna miziņām.
d) Liek uz pergamenta papīra un liek ledusskapī, līdz šokolāde sastingusi.

58. Šokolādes pistāciju cannolis

Pagatavo: 12 porcijas

SASTĀVDAĻAS:
- ½ iepakojuma (11,5 unces) Nestle Toll House piena šokolādes kumosu
- 1 kartona kārba (15 unces) Ricotta siera
- 2 paciņas (3 unces) krējuma siera; mīkstināts
- 2 ēdamkarotes Izsijāts konditorejas cukurs
- 2 ēdamkarotes sasmalcināta citrona
- 1 tējkarote vaniļas ekstrakta
- 12 Sagatavotas 5 collu cannoli čaumalas
- ⅓ glāze smalki sagrieztu pistāciju riekstu

INSTRUKCIJAS:

a) Izkausē virs karsta (ne verdoša) ūdens, Nestle Toll House piena šokolādes kumosiņiem; samaisa līdz gludai. Noņemiet no karstuma; atdzesē līdz istabas temperatūrai. Lielā bļodā saputo rikotas sieru līdz gludai.

b) Pievieno krēmsieru, konditorejas cukuru, citronu un vaniļas ekstraktu; sit labi.

c) Sablenderē izkausētos kumosiņos. Ar karoti ieber cannoli čaumalas. Iemērciet galus riekstos.

d) Atdzesējiet, līdz gatavs pasniegšanai.

59. Kanoli ar zemu tauku saturu ar aveņu mērci

Veido: 6 porcijas

SASTĀVDAĻAS:
- 2 konteineri; (15 unces) beztauku rikotas siers
- 12 Wonton; (4 collu) iesaiņojumi
- Gatavošanas aerosols ar sviesta garšu
- 1 tējkarote kukurūzas ciete, kas izšķīdināta 1 tējkarotē ūdens; (pastam)
- 6 ēdamkarotes Cukurs
- ½ tējkarotes vaniļas ekstrakta
- ¼ tējkarotes mandeļu ekstrakta
- 3 glāzes svaigas avenes
- 2 ēdamkarotes konditorejas cukura; līdz 4
- 2 tējkarotes citrona miziņas
- 1 ēdamkarote Sasmalcināta; viegli grauzdēti pistāciju rieksti

INSTRUKCIJAS:

a) Iztukšojiet rikotu 6 līdz 8 stundas

b) Uzkarsē cepeškrāsni līdz 400 grādiem F. Viegli apsmidziniet 12 cannoli caurules ar vārīšanas aerosolu. Sākot no stūriem, aptiniet vontonus ap caurulēm. Līmējiet ar dab vai kukurūzas cietes pastu. Viegli apsmidziniet kanoļu ārpuses. Liek uz cepešpannas un cep līdz zeltaini brūnai un kraukšķīgai, apmēram 4 līdz 6 minūtes. Ļaujiet nedaudz atdzist, pēc tam izvelciet konditorejas izstrādājumus no caurulēm. Atdzesē uz režģa.

c) Pildījums: Lielā bļodā saputo rikotu, cukuru un ekstraktus. Novietojiet malā vai pārnesiet uz konditorejas maisiņu, kas aprīkots ar ½ collu. zvaigžņu gals.

d) Mērce: Sasmalciniet avenes virtuves kombainā. Izkāš biezeni caur sietu bļodā. Saputo konditorejas cukuru un citrona miziņu. (Līdz šim posmam recepti var pagatavot vairākas stundas iepriekš.)

5. Izmantojot konditorejas maisiņu vai tējkaroti, katrā čaulā ievietojiet ¼ c maisījuma. Apkaisa galus ar sasmalcinātām pistācijām.

e) Pasniegšanai uz deserta šķīvjiem uzlej aveņu mērci.

f) Ievietojiet 2 cannoli uz katras šķīvja virs aveņu mērces un nekavējoties pasniedziet.

60. Glazēti ķiršu cannoli

Pagatavo: 1 porcija

SASTĀVDAĻAS:
- 1 mārciņa izsijāti milti
- ¼ tējkarotes kanēļa
- 1 ēdamkarote šķīstošās kafijas pulvera
- Pus citrona rīvēta miziņa
- 2 unces cukura
- 1 Nedaudz sakulta ola
- 1 Nedaudz saputots olas dzeltenums
- 2 ēdamkarotes Cepamās eļļas
- ½ glāzes pussalda vīna
- Papildus 2 dzeltenumi; nedaudz piesists
- Tauki dziļai cepšanai
- 1½ mārciņas Ricotta
- 4 unces pūdercukurs
- 4 unces Dzeramā šokolāde
- 4 unces glazēta šerija
- 4 unces grauzdētas mandeles [sasmalcinātas]

INSTRUKCIJAS:

a) Mīkla – sajauc un izsijā bļodā miltus, kanēli un kafiju. Iemaisa citrona miziņu, cukuru, olu un olas dzeltenumu un eļļu.

b) Samaisiet ar rokām, pievienojot tik daudz vīna, lai sastāvdaļas noturētu kopā un izveidotu mīklu. izgrieziet uz miltiem apkaisīta dēļa un mīciet līdz gludai un elastīgai apmēram 10 minūtes. Atdzesējiet mīklu vairākas stundas.

c) Nogrieziet mīklas gabalus un plāni izrullējiet. Izgrieziet taisnstūrus apmēram 3½ x 5 collas un aptiniet ap cannoli cauruli [metāla cauruli ar diametru apmēram 1 collu. un apmēram 4–5 collas garš] Aizzīmogojiet malas, nosmērējot ar atlikušajiem olu dzeltenumiem.

d) Cepiet divus vai trīs vienlaikus, nometot iesaiņotu cauruli dziļos karstos taukos. līdz gaiši brūnai, apmēram vienu minūti.

e) Nosusiniet uz absorbējoša papīra: ļaujiet nedaudz atdzist, tad izspiediet uzkalni no viena gala.

f) Pagatavo pildījumu, saputojot rikotu līdz ļoti gludai masai un tad apkaisa ar dzeramo šokolādi un pūdercukuru un labi samaisa.

g) Sajauciet pārējās sastāvdaļas, saglabājot daļu sasmalcinātu mandeļu. Tieši pirms pasniegšanas piepildiet cannoli ar rikotas pildījumu un iemērciet galus grauzdētās, sasmalcinātās mandelēs.

61. **Wonton cannoli**

Veido: 4 porcijas

SASTĀVDAĻAS:
24 wonton ādas
Zemesriekstu eļļa dziļai cepšanai
Rupji malti nesālīti pistāciju rieksti
Papildu konditorejas cukurs
Piparmētru zariņi

PILDĪJUMS:
1 mārciņa zema tauku satura Rikotas siers, saputots gludi
½ c izsijāta konditorejas cukura
1 tējkarote tīra vaniļas ekstrakta
⅓ c noskūtas pussaldās šokolādes

INSTRUKCIJAS:

a) Uzkarsē eļļu fritē līdz 375. Vienlaicīgi strādājiet ar 6 wonton mizām.

b) Atlikušo daļu turiet labi iesaiņotu vaskotā papīrā un apvilktu ar viegli samitrinātu dvieli. Novietojiet Wonton ādu uz darba virsmas un novietojiet cannoli caurulīti pa diagonāli tās centrā. Ja jums nav cannoli caurules, izveidojiet cauruli ar alumīnija foliju. Paceliet ādas malas virs caurules. Nosedziet pārklājošos galus ar ūdens lāpstiņu. Ap atlikušajām 5 caurulēm izveidojiet wonton apvalkus. Karstā eļļā pagatavojiet pa 2 mēģenēm ar pusi uz leju 30 sekundes vai tikai līdz zeltainai krāsai. Izņem ar knaiblēm un notecina uz papīra dvieļa. Kamēr čaumalas vēl ir karstas, uzmanīgi nospiediet tās no caurulēm ar nelielu metāla lāpstiņu un pirkstiem.

c) Atkārtojiet to ar atlikušajām ādām un pārliecinieties, ka caurules ir pilnībā atdzisušas pirms ietīšanas ar ādām.

Pildījums:

d) Sajauciet rikotu, konditorejas cukuru, vaniļu un šokolādi.

e) Pārklājiet un atdzesējiet 2 stundas vai nakti. Pasniegšanai: ar karoti pildījumu cannoli čaumalās. Šeit ļoti noderēs konditorejas maisiņš vai nogrieziet sviestmaižu maisiņam stūri un izspiediet no tā maisījumu. Katru pildījuma galu iemērciet pistācijās. Kārto uz pasniegšanas šķīvja. Katram iesijā papildu cukuru un dekorē ar piparmētru zariņiem.

62. Cannoli Gelato

Izgatavojums: 5

SASTĀVDAĻAS:
- 2 glāzes pilnpiena
- ¼ glāzes olu dzeltenumu
- ½ glāzes baltā granulētā cukura
- ¼ tējkarotes vaniļas ekstrakta
- ½ glāzes bieza krējuma
- ½ glāzes rikotas
- ⅛ tējkarote sāls
- ½ glāzes sasmalcinātu cannoli čaumalu
- ½ glāzes mini šokolādes skaidiņas

INSTRUKCIJAS:

a) Mazā katliņā apvienojiet pilnpienu un biezo krējumu un uz vidējas uguns uzvāra. Izslēdziet uguni tieši tad, kad tas vārās, un noņemiet pannu no karstās plīts virsmas.

b) Pievienojiet vaniļas ekstraktu.

c) Kamēr gaidāt, līdz vārās krējuma un piena maisījums, saputojiet olu dzeltenumus un cukuru, līdz tie kļūst bāli un putojoši. Lai veiktu šo darbību, iespējams, vēlēsities izmantot elektrisko mikseri, jo jums kādu laiku vajadzēs putot!

d) Kamēr puto olu dzeltenumus, lēnām ielej karsto piena maisījumu dzeltenumos, nepārtraukti putojot un lejot lēni, lai nejauši nesagatavotu olas ar karstumu no piena.

e) Pievienojiet piena un olu maisījumu atpakaļ katliņā un lieciet atpakaļ uz plīts, vāriet uz lēnas uguns, līdz maisījums ir pietiekami biezs, lai pārklātu karotes aizmuguri un nepārtraukti maisīt. Neļaujiet pienam vārīties un, ja redzat, ka maisījumā sāk veidoties kunkuļi, noņemiet maisījumu no uguns un izlejiet caur sietiņu.

f) Samaisiet rikotu, līdz tā ir labi sajaukta.

g) Ļaujiet želato maisījumam atdzist ledusskapī, pilnībā pārklātu, vismaz 4 stundas vai, ja iespējams, nakti.

h) Kad gelato maisījums ir atdzisis, ielej to saldējuma mašīnā un sasaldē želeju saskaņā ar saldējuma mašīnas norādījumiem. Gelato būs mīksta saldējuma tekstūra, kad tas tiks pagatavots saldējuma mašīnā.

i) Ielieciet sasmalcinātās cannoli čaumalas un mini šokolādes skaidiņas un ievietojiet to saldētavai drošā traukā un ievietojiet saldētavā vismaz uz divām stundām. Pasniedziet jauki un auksti, kad esat gatavs baudīt!

MANSTRANS

63. Garšaugu polentas torta ar spinātiem, sēnēm un rikotu

Veido: 8 porcijas

SASTĀVDAĻAS:
- 2 glāzes sēnes; šķēlēs
- 1 glāze cukini; plānās šķēlēs
- 1 glāze dzeltenā skvoša; plānās šķēlēs
- ½ glāzes zaļie sīpoli; plānās šķēlēs
- ¼ glāzes sausā sarkanvīna
- 1 glāze tomātu; sasmalcinātas sēklas
- ½ tējkarotes ķiploku pulvera
- ¼ tējkarotes Sīpolu pulvera
- 1 bundža (14 unces) artišoka sirdis; nosusina un rupji sakapā
- 1 iepakojums (10 unces) saldētu sasmalcinātu spinātu; atkausē, notecina un izspiež sausu
- 1 glāze beztauku rikotas siera
- ½ glāzes (2 unces) vāja mocarellas siera; sasmalcinātas
- ¼ glāzes (1 unce) svaiga parmezāna siera; sarīvē
- 3 lieli olu baltumi; viegli sita
- 1 liela ola
- 1¼ glāze Polenta
- ½ glāzes sarkanās paprikas; sasmalcināts
- ¼ glāzes svaigu pētersīļu; sasmalcināts
- 1 tējkarote Oregano; žāvētas
- ¾ tējkarotes Sāls
- ½ tējkarotes bazilika; žāvētas
- ¼ tējkarotes piparu
- 4 glāzes Ūdens
- ¼ glāzes (1 unce) svaiga parmezāna siera; sarīvē
- Gatavošanas aerosols

INSTRUKCIJAS:

a) Lai pagatavotu spinātu pildījumu: uzkarsē cepeškrāsni līdz 350 0 F. Apvienojiet pirmās piecas sastāvdaļas lielā nepiedegošā pannā; labi samaisiet. Vāra uz vidēji augstas uguns 7 minūtes vai līdz dārzeņi ir mīksti un šķidrums gandrīz iztvaiko.

b) Karote bļodā; iemaisa sasmalcinātu tomātu, ķiploku pulveri, sīpolu pulveri, artišokus un spinātus. Apvienojiet atlikušās sastāvdaļas nelielā bļodā; labi samaisiet. Pievieno sēņu maisījumam; labi samaisiet. Atlikt malā.

c) Lai pagatavotu garšaugu polentu: apvienojiet pirmās 7 sastāvdaļas lielā katliņā.

d) Pamazām pievieno ūdeni, nepārtraukti maisot ar putojamo slotiņu. Uzkarsē līdz vārīšanās temperatūrai; samaziniet siltumu līdz vidējam. Pagatavojiet 15 minūtes, bieži maisot. Iemaisa parmezāna sieru. Ievietojiet polentu 10 collu atsperu formas pannā, kas pārklāta ar vārīšanas aerosolu, vienmērīgi izkliedējot.

e) Lai pabeigtu recepti: uzklājiet spinātu pildījumu uz polentas garšaugu. Uzlieciet 1 glāzi (¼ collu biezas) tomātu šķēles; apkaisa ar ½ tasi (2 unces) sasmalcināta, daļēji vāja mocarellas siera. Novietojiet pannu uz cepešpannas.

f) Cepiet bez vāka 350 ° F temperatūrā 1 stundu vai līdz sacietē.

g) Ļaujiet atdzist uz režģa 10 minūtes. Sagrieziet 8 daiviņās un pasniedziet ar spageti mērci ar zemu nātrija saturu.

64. Ķiploki Florences saldie kartupeļi

Pagatavo: 4 porcijas

SASTĀVDAĻAS:
- 4 saldie kartupeļi
- 2, 10 unces spinātu iepakojumi
- 1 ēdamkarote olīveļļas
- 1 šalotes, malta
- 2 ķiploka daiviņas, maltas
- 6 saulē kaltēti tomāti, sagriezti kubiņos
- ¼ tējkarotes sāls
- ¼ tējkarotes melnie pipari
- ¼ tējkarotes sarkano piparu pārslu
- ½ glāzes vājā rikotas siera

INSTRUKCIJAS:
a) Sagatavojiet cepeškrāsni, uzkarsējot to līdz 400 grādiem pēc Fārenheita.
b) Pēc caurduršanas ar dakšiņu ielieciet saldos kartupeļus uz sagatavotas cepešpannas.
c) Cep 45-60 minūtes, līdz kartupeļi ir gatavi. Dodiet laiku atdzišanai.
d) Kartupeļus sadala pa vidu ar nazi un ar dakšiņu saputo kartupeļu mīkstumu, tad noliek malā.
e) Pannā uz mērenas uguns sakarsē eļļu. Pagatavojiet 3 minūtes, līdz šalotes ir mīkstinātas.
f) Pagatavojiet vēl 30 sekundes, līdz ķiploki kļūst aromātiski.
g) Sajauc nosusinātos spinātus, tomātus, sāli, melnos piparus un sarkano piparu pārslas. Pagatavojiet vēl 2 minūtes.
h) Noņem no uguns un patur, lai atdziest.
i) Iekļaujiet rikotas sieru spinātu maisījumā.
j) Spinātu maisījumu pasniedz virsū sadalītajiem saldajiem kartupeļiem.

65. Biešu un miežu risotto

Izgatavojums: 6

SASTĀVDAĻAS

- 2 sarkanās vai dzeltenās bietes (kopā apmēram 1½ mārciņas) vai 1½ mārciņas mazuļu bietes, kāti un lapas rezervētas
- Nerafinēta olīveļļa
- Košera sāls
- 10 glāzes vistas buljona
- 2 ēdamkarotes nesālīta sviesta
- 1 glāze malta dzeltenā sīpola (apmēram 1 vidējs sīpols)
- 2 ķiploka daiviņas, maltas
- 2 glāzes pērļu miežu
- ½ glāzes sausa baltvīna (piemēram, sauvignon blanc vai pinot grigio)
- ¼ glāzes crème fraîche
- 2 tējkarotes sarkanvīna etiķa
- Svaigi malti melnie pipari
- ¼ mārciņas ricotta salata siera, rīvēts

INSTRUKCIJAS

a) Sagatavojiet bietes. Uzkarsē cepeškrāsni līdz 425 ° F. Kātus un zaļumus (lapas) rūpīgi noskalo. Smalki sagrieziet stublājus un rupji sagrieziet lapas, turot tās atsevišķi. Nogrieziet sīpolu stublāju galus; rūpīgi noberziet spuldzes zem auksta ūdens.

b) Bietes apgrauzdē un sarīvē. Mazā cepamajā traukā kārto biešu sīpolus. Pievienojiet tik daudz ūdens, lai tas būtu līdz pusei līdz biešu malām. Apslaka ar olīveļļu un bagātīgi apkaisa ar sāli. Pārklājiet cepšanas trauku ar alumīnija foliju un cieši noslēdziet. Cepiet 1 stundu vai līdz mīkstam, kad to sadursta ar dakšiņu. Kad tas ir pietiekami atdzisis, lai varētu rīkoties, bet joprojām ir silts, izmantojiet papīra dvieli un pirkstus, lai maigi noberzētu ādu no bietēm; izmetiet ādas. Ar kastītes rīvi rupji sarīvējiet bietes. Atlikt malā.

c) Pagatavojiet biešu zaļumus. Kamēr bietes cepas, uzkarsē katlā sālītu ūdeni līdz vārīšanās temperatūrai. Pievienojiet sasmalcinātus biešu zaļumus (lapas) un vāriet 4 līdz 6 minūtes, līdz tie ir mīksti. Pārlej smalka sieta sietiņā, lai notecinātu; ar karoti piespiediet zaļumus, lai atbrīvotos pēc iespējas vairāk šķidruma. Atlikt malā.

d) Uzsildiet buljonu un izsvīdiet aromātiskās vielas. Katliņā uz vidējas uguns uzkarsē vistas buljonu līdz vārīšanās temperatūrai. Izslēdziet uguni. Lielā katliņā ar augstu malu uzkarsējiet 2 ēdamkarotes olīveļļas un 1 ēdamkaroti sviesta vidēji zemā temperatūrā, līdz sviests ir izkusis. Pievienojiet sīpolu, ķiploku un biešu stublājus un pievienojiet sāli. Pagatavojiet, laiku pa laikam maisot, 3 līdz 5 minūtes, līdz tas ir mīkstināts un smaržīgs, bet nav brūns.

e) Apgrauzdē miežus. Pievienojiet miežus. Vāra, laiku pa laikam maisot, 4 līdz 6 minūtes, līdz mieži sāk nedaudz uzpūsties. Pievienojiet vīnu un vāriet, bieži maisot, 30 sekundes līdz 1 minūti, līdz uzsūcas. Apkaisiet ar sāli un samaisiet, lai tas apvienotos.

f) Pievienojiet krājumus. Pievienojiet 2 tases buljona un vāriet, bieži maisot, 8 līdz 10 minūtes, līdz ir uzsūkusies lielākā daļa šķidruma. Atkārtojiet ar atlikušajām 8 glāzēm buljona, pievienojot buljonu 2 tases vienlaikus un maisot, līdz lielākā daļa šķidruma ir uzsūkusies pirms katras pievienošanas, kopā 22 līdz 28 minūtes.

g) Pabeidz risoto. Pievienojiet rīvētas bietes un vāriet, bieži maisot, 2 līdz 3 minūtes, līdz tās ir labi apvienotas. Pievienojiet biešu zaļumus un pievienojiet sāli. Vāra, bieži maisot, no 30 sekundēm līdz 1 minūtei, līdz sasilst. Pievienojiet crème fraîche, atlikušo 1 ēdamkaroti sviesta un etiķi. Pagatavojiet, nepārtraukti maisot, 2 līdz 3 minūtes, līdz tas ir rūpīgi apvienots un sabiezēts. Noņem no uguns. Garšojiet ar sāli un pipariem. Pārliek uz servēšanas trauku, pārkaisa ar sieru un pasniedz.

66. Vistas, melleņu, rikotas un zemeņu salāti

Izgatavo: 2

SASTĀVDAĻAS:
- 1 glāze grilētas vistas
- ½ glāzes zemenes
- 1 glāze salātu
- ½ glāzes melleņu
- ½ glāzes sagrieztas rikotas

ĢĒRBI:
- 1 ēdamkaroteolīvueļļa vaiavokadoeļļa
- 1 ēdamkarote svaigas citronu sulas
- šķipsniņa melno piparu
- šķipsniņa jūras sāls

INSTRUKCIJAS:
a) Sajauc visas sastāvdaļas, izņemot salātus, un pasniedz uz salātu gultas.

67. Rūgti saldie granātābolu salāti

Pagatavo: 1-2 porcijas

SASTĀVDAĻAS:
ĢĒRBI:
- 2 ēdamkarotes citrona sulas
- ½ glāzes asinsapelsīnu sulas
- ¼ glāzes kļavu sīrupa

SALĀTI:
- ½ glāzes svaigi sagrieztu kāpostu mikrozaļumu
- 1 mazs radicchio, saplēsts kumosos
- ½ glāzes purpura kāpostu, plānās šķēlēs
- ¼ maza sarkanā sīpola, smalki sagriezta
- 3 redīsi, sagriezti plānās šķēlēs
- 1 asinsapelsīns, nomizots, bez kauliņiem un gabalos
- sāls un pipari pēc garšas
- ⅓ tase rikotas siera
- ¼ glāzes priežu riekstu, grauzdēti
- ¼ glāzes granātābolu sēklu
- 1 Ēdamkarote olīveļļas

INSTRUKCIJAS:
ĢĒRBI:
a) Visas mērces sastāvdaļas viegli vāra 20-25 minūtes.
b) Pirms pasniegšanas ļaujiet atdzist.

SALĀTI:
c) Maisīšanas traukā apvienojiet radicchio, kāpostus, sīpolus, redīsus un mikrozaļumus.
d) Viegli apkaisa ar sāli, pipariem un olīveļļu.
e) Uz pasniegšanas šķīvja izkaisiet nelielu karoti rikotas siera.
f) Pārkaisa ar priežu riekstiem un granātābolu sēklām un pārlej ar asins apelsīnu sīrupu.

68. Rikota ar kāpostu, granātābolu un kastaņiem

Izgatavojumi: 4

SASTĀVDAĻAS:
- 200g kāpostu, noplūktu un nomazgātu
- 200g vārītu kastaņu, rupji sakapātu
- 250 g rikotas siera
- 2 tējkarotes granātābolu melases
- ½ granātābola sēklas
- Olīvju eļļa
- Sāls

INSTRUKCIJAS:
a) Lielā pannā ar sālītu, verdošu ūdeni blanšējiet kāpostus 3-4 minūtes, pēc tam atsvaidziniet ledus ūdenī.
b) Kad tas ir atdzisis, noteciniet un novietojiet uz vienu pusi.
c) Dažas minūtes viegli apcepiet kastaņus olīveļļas šļakatās, pēc tam pievienojiet blanšētu kāpostu, lai uzsildītu.
d) Atsevišķā pannā viegli sasildiet rikotu.
e) Lai pasniegtu, ielieciet siltu rikotu šķīvja apakšā un uzlieciet to ar karstiem kastaņiem un lapu kāpostiem.
f) Pārlej ar granātābolu melasi un pārkaisa ar svaigām sēklām.

69. Rikotas pildīti čaumalas

Sastāvdaļas:

1 kastīte ar lieliskām makaronu čaumalām
15 unces. rikotas siers
1 glāze sasmalcinātu spinātu
1 ķiploka daiviņa, malta
1/2 tase rīvēta parmezāna siera
2 glāzes marinara mērces
Sāls un pipari

INSTRUKCIJAS
Uzkarsē cepeškrāsni līdz 375 ° F.

Pagatavojiet makaronu čaumalas saskaņā ar iepakojuma norādījumiem.

Bļodā sajauc rikotas sieru, spinātus, ķiplokus, parmezāna sieru, sāli un piparus.

Piepildiet katru čaumalu ar rikotas maisījumu un ievietojiet cepšanas traukā.

Pārlej čaumalas ar marinaras mērci.

Pārklāj ar foliju un cep 30 minūtes.

Noņem foliju un cep vēl 10-15 minūtes, līdz virsa ir zeltaini brūna.

70. Rikotas un spinātu pildīta vista

Sastāvdaļas:

4 vistas krūtiņas bez kauliem, bez ādas
10 unces. saldēti spināti, atkausēti un nosusināti
1 glāze rikotas siera
1/2 tase rīvēta parmezāna siera
1 ķiploka daiviņa, malta
Sāls un pipari
Olīvju eļļa

INSTRUKCIJAS
Uzkarsē cepeškrāsni līdz 375 ° F.

Bļodā sajauciet kopā spinātus, rikotas sieru, parmezāna sieru, ķiplokus, sāli un piparus.

Katrai vistas krūtiņai izgrieziet kabatiņu un piepildiet ar rikotas maisījumu.

Apkaisiet vistas krūtiņu ārpusi ar sāli un pipariem.

Sildiet olīveļļu lielā pannā uz vidēji augstas uguns.

Apcep vistas krūtiņas no abām pusēm līdz zeltaini brūnai.

Pārvietojiet vistas krūtiņas uz cepešpannu un cepiet 25-30 minūtes vai līdz iekšējā temperatūra sasniedz 165 ° F.

71. Rikotas un sēņu pildīti čaumalas

Sastāvdaļas:

1 kastīte ar lieliskām makaronu čaumalām
15 unces. rikotas siers
1 glāze sasmalcinātu sēņu
1/4 tase sasmalcinātu sīpolu
1 ķiploka daiviņa, malta
1/2 tase rīvēta parmezāna siera
2 glāzes marinara mērces
Sāls un pipari

INSTRUKCIJAS
Uzkarsē cepeškrāsni līdz 375 ° F.
Pagatavojiet makaronu čaumalas saskaņā ar iepakojuma norādījumiem.
Pannā apcep sēnes un sīpolus, līdz tie kļūst mīksti.
Bļodā sajauc rikotas sieru, sēņu maisījumu, ķiplokus, parmezāna sieru, sāli un piparus.
Piepildiet katru čaumalu ar rikotas maisījumu un ievietojiet cepšanas traukā.
Pārlej čaumalas ar marinaras mērci.
Pārklāj ar foliju un cep 30 minūtes.
Noņem foliju un cep vēl 10-15 minūtes, līdz virsa ir zeltaini brūna.

72. Rikotas un Pesto pildīta vista

Sastāvdaļas:

4 vistas krūtiņas bez kauliem, bez ādas
1/2 tase rikotas siera
1/2 tase pesto
Sāls un pipari
Olīvju eļļa

INSTRUKCIJAS:

Uzkarsē cepeškrāsni līdz 375 ° F.

Bļodā sajauc kopā rikotas sieru un pesto.

Katrai vistas krūtiņai izgrieziet kabatiņu un piepildiet ar rikotas maisījumu.

Apkaisiet vistas krūtiņu ārpusi ar sāli un pipariem.

Sildiet olīveļļu lielā pannā uz vidēji augstas uguns.

Apcep vistas krūtiņas no abām pusēm līdz zeltaini brūnai.

Pārvietojiet vistas krūtiņas uz cepešpannu un cepiet 25-30 minūtes vai līdz iekšējā temperatūra sasniedz 165 ° F.

FONDU UN DIPS

73. **Kieģeļu siera mērce**

Veido: 2 porcijas

SASTĀVDAĻAS:
- 3 unces rikotas siera
- 3 unces svaigi rīvēta ķieģeļu siera
- 3 ēdamkarotes svaigu timiāna lapu
- 6 unces kazas siera
- 1 unce parmezāna cietā siera, svaigi rīvēts
- 4 biezi sagriezta bekona sloksnes, vārītas un sadrupinātas
- Sāls un pipari, pēc garšas

INSTRUKCIJAS:
a) Sagatavo cepeškrāsni cepšanai.
b) Cepšanas traukā apvienojiet visas sastāvdaļas.
c) Trauku apkaisa ar Parmesan sieru.
d) Cep uzkarsētā cepeškrāsnī 5 minūtes vai līdz siers sāk brūnēt un burbuļot.
e) Izņem no cepeškrāsns un pasniedz uzreiz.

74. Fetas un rikotas siera fondī

Pagatavo: 4 porcijas

SASTĀVDAĻAS:
- 3 ēdamkarotes sviesta vai margarīna
- 4 unces Fetas siera 1/2 \" kubi
- ⅛ tējkarote melnie pipari
- 1 citrons, sula no
- 1 ēdamkarote pētersīļu, malti
- 1 glāze Ricotta siera

Norādes

a) Izkausējiet sviestu smagā 8 collu pannā vai 1 kvarta katliņā uz lēnas uguns.

b) Pievienojiet fetas un rikotas sieru un piparus. Vāra, nepārtraukti maisot un nedaudz samīcot sierus, līdz tie mīkstina un sāk burbuļot - apmēram 5 minūtes.

c) Samaisiet citronu sulu un, ja vēlaties, izrotājiet ar pētersīļiem. Pasniedz uzreiz; fondī atdziestot, tas zaudē garšu.

75. Ķieģeļu siera mērce

Veido: 2 porcijas

SASTĀVDAĻAS:
- 3 unces rikotas siera
- 3 unces svaigi rīvēta ķieģeļu siera
- 3 ēdamkarotes svaigu timiāna lapu
- 6 unces kazas siera
- 1 unce parmezāna cietā siera, svaigi rīvēts
- 4 biezi sagriezta bekona sloksnes, vārītas un sadrupinātas
- Sāls un pipari, pēc garšas

INSTRUKCIJAS:

a) Sagatavo cepeškrāsni cepšanai.
b) Cepšanas traukā apvienojiet visas sastāvdaļas.
c) Trauku apkaisa ar Parmesan sieru.
d) Cep uzkarsētā cepeškrāsnī 5 minūtes vai līdz siers sāk brūnēt un burbuļot.
e) Izņem no cepeškrāsns un pasniedz uzreiz.

76. Saputota Indijas riekstu rikota

Izgatavo: 2 tases

SASTĀVDAĻAS:
- 2 glāzes neapstrādātu Indijas riekstu
- ¼ glāzes jūras sūnas
- ¾ glāzes filtrēta ūdens
- 1 tējkarote rejuvelac
- 2 tējkarotes svaigas citronu sulas
- 2 ēdamkarotes akvafaba
- 1 tējkarote ķeltu jūras sāls

INSTRUKCIJAS:
a) Ievietojiet Indijas riekstus filtrētā ūdenī nelielā bļodā. Nosedziet un uz nakti atdzesējiet.

b) Ļoti labi izskalojiet jūras sūnas caurdurī, līdz visas smiltis ir noņemtas un okeāna smaka ir pazudusi. Pēc tam ielieciet to ūdenī nelielā bļodā. Nosedziet un uz nakti atdzesējiet.

c) Iztukšojiet jūras sūnas un ievietojiet to blendera krūzē ar ½ tasi ūdens. Blendējiet lielā ātrumā 1 minūti vai līdz tas ir emulģēts. Izmēriet 2 ēdamkarotes un rezervējiet pārējo.

d) Tīrā blendera bļodā ievietojiet Indijas riekstus, emulģēto jūras sūnu, rejuvelac, atlikušo ¼ tasi ūdens un sāli. Blendējiet ar vidēju ātrumu, izmantojot virzuli, lai vienmērīgi sadalītu maisījumu, apturot un iedarbinot, līdz viss ir labi sajaukts.

e) Pārnesiet sieru uz 8 collu smalkas marles gabala centru. Savāciet malas un sasieniet tās saišķī ar auklu.

f) Ievietojiet marles saišķi dehidratatorā un dehidrējiet 90 ° F temperatūrā 24 stundas.

g) Pārlejiet sieru virtuves kombaina bļodā un pulsējiet, līdz tekstūra ir viegla un gaisīga.

77. Citronu Ricotta Dip

SASTĀVDAĻAS:

- 1 glāze rikotas siera
- 2 ēdamkarotes olīveļļas
- 2 ēdamkarotes svaigas citronu sulas
- 2 ķiploka daiviņas, maltas
- 1/2 tējk sāls
- 1/4 tējk melnie pipari
- Citrona miziņa, dekorēšanai

INSTRUKCIJAS:

Bļodā saputojiet rikotas sieru, olīveļļu, citronu sulu, ķiplokus, sāli un melnos piparus līdz gludai. Pārlejiet mērci uz servēšanas trauku un izrotājiet ar citrona miziņu. Pasniedziet ar dārzeņiem, krekeriem vai maizi.

78. Tomātu Ricotta mērce

SASTĀVDAĻAS:
- 1 glāze rikotas siera
- 1/2 tase tomātu mērces
- 2 ēdamkarotes rīvēta parmezāna siera
- 1 tējkarote žāvēta oregano
- 1/2 tējkarotes ķiploku pulvera
- Sāls un pipari, pēc garšas

INSTRUKCIJAS:

Katliņā uz vidējas uguns karsē tomātu mērci. Pievienojiet rikotas sieru, parmezāna sieru, oregano, ķiploku pulveri, sāli un piparus. Vāra 5-7 minūtes, ik pa laikam apmaisot, līdz mērce uzkarsēta un siers izkusis. Pasniedziet pāri makaroniem, picai vai grilētiem dārzeņiem.

79. Grauzdēti sarkanie pipari un rikotas mērce

SASTĀVDAĻAS:
- 1 glāze rikotas siera
- 1/2 tase grauzdētu sarkano papriku, sasmalcinātu
- 2 ēdamkarotes olīveļļas
- 1 ēdamkarote citrona sulas
- 1 ķiploka daiviņa, malta
- 1/4 tējk sāls
- 1/4 tējk melnie pipari

INSTRUKCIJAS:
Virtuves kombainā samaisiet rikotas sieru, grauzdētus sarkanos piparus, olīveļļu, citronu sulu, ķiplokus, sāli un melnos piparus līdz viendabīgai masai. Pārlejiet mērci uz servēšanas trauku un pasniedziet ar pitas čipsiem, krekeriem vai svaigiem dārzeņiem.

80. Herbed Ricotta Dip

SASTĀVDAĻAS:

- 1 glāze rikotas siera
- 1 ēdamkarote sasmalcinātu svaigu maurloku
- 1 ēdamkarote sasmalcinātu svaigu pētersīļu
- 1 ēdamkarote sasmalcinātu svaigu diļļu
- 1/2 tējkarotes ķiploku pulvera
- 1/4 tējk sāls
- 1/4 tējk melnie pipari

INSTRUKCIJAS:

Bļodā sajauciet kopā rikotas sieru, maurlokus, pētersīļus, dilles, ķiploku pulveri, sāli un melnos piparus, līdz tie ir labi sajaukti. Pārlieciet mērci uz servēšanas trauku un pasniedziet ar svaigiem dārzeņiem vai krekeriem.

81. Medus kanēlis Ricotta Dip

SASTĀVDAĻAS:
- 1 glāze rikotas siera
- 2 ēdamkarotes medus
- 1 tējkarote malta kanēļa
- 1/4 tējkarotes vaniļas ekstrakta
- Šķipsna sāls

INSTRUKCIJAS:

Bļodā saputojiet rikotas sieru, medu, kanēli, vaniļas ekstraktu un sāli līdz gludai. Pārlejiet mērci uz servēšanas trauku un pasniedziet ar svaigiem augļiem vai Graham krekeriem.

DESERTS

82. Itāļu artišoku pīrāgs

Veido: 8 porcijas

SASTĀVDAĻAS:
- 3 olas; Sasists
- 3 unces iepakojuma krējuma siers ar maurlokiem; Mīkstināts
- ¾ tējkarotes ķiploku pulvera
- ¼ tējkarotes piparu
- 1½ glāzes Mocarellas siera, daļēji vājpiena; Sasmalcināts
- 1 glāze Ricotta siera
- ½ glāzes majonēzes
- 14 unces artišoku siržu kārba; Nosusināta
- 8 unces Can Garbanzo pupiņas, konservētas; Izskalots un nosusināts
- 2¼ unces kārbas šķēlēs sagrieztas olīvas; Nosusināta
- 2 unces Jar Pimientos; Sagriezts kubiņos un nosusināts
- 2 ēdamkarotes pētersīļu; Nogriezts
- 1 pīrāga garoza (9 collas); Necepts
- 2 mazi tomāti; Šķēlēs

INSTRUKCIJAS:

a) Lielā maisīšanas traukā apvienojiet olas, krējuma sieru, ķiploku pulveri un piparus.

b) Bļodā sajauciet 1 glāzi mocarellas siera, rikotas sieru un majonēzi.

c) Maisa, līdz viss ir labi sajaukts.

d) Pārgrieziet 2 artišoku sirdis uz pusēm un novietojiet tās malā. Sasmalciniet pārējās sirdis.

e) Sajauciet siera maisījumu ar sasmalcinātām sirdīm, garbanzo pupiņām, olīvām, pimientos un pētersīļiem. Piepildiet mīklas čaumalu ar maisījumu.

f) Cep 30 minūtes 350 grādos. Pa virsu jākaisa atlikušais mocarellas siers un parmezāna siers.

g) Cep vēl 15 minūtes vai līdz sacietē.

h) Atstāj atpūsties 10 minūtes.

i) Virsū kārtojiet tomātu šķēles un ceturtdaļās sagrieztas artišoka sirdis.

83. Krēmveida rikotas pīrāgs

Izgatavojums: 6

SASTĀVDAĻAS:
- 1 veikalā pirkta pīrāga garoza
- 1 ½ mārciņas rikotas siera
- ½ glāzes maskarpones siera
- 4 sakultas olas
- ½ glāzes baltā cukura
- 1 Ēdamkarote brendija

INSTRUKCIJAS:
a) Uzkarsē cepeškrāsni līdz 350 grādiem pēc Fārenheita.
b) Sajauc visas pildījuma sastāvdaļas maisītāja traukā. Pēc tam maisījumu ielej garozā.
c) Uzkarsē cepeškrāsni līdz 350 ° F un cep 45 minūtes.
d) Pirms pasniegšanas pīrāgu atdzesē vismaz 1 stundu.

84. Rožu piena kūka

Izgatavojums: 6

SASTĀVDAĻAS:
- 15 unces pilna tauku satura rikotas siers
- ½ glāzes cukura
- 2 tējkarotes universālu miltu
- 1 tējkarote malta kardamona
- ½ tējkarotes karija pulvera
- 1 tējkarote rožu esences
- 3 lielas olas, istabas temperatūrā
- 2 vai 3 pilieni sarkanās dabīgās pārtikas krāsvielas

INSTRUKCIJAS:
a) Lielā bļodā kārtīgi samaisiet rikotu, cukuru, miltus, kardamonu, kariju un rožu esenci.

b) Pa vienai, pa vienai iemaisa olas.

c) Ielejiet mīklu sagatavotajā pannā. Pievienojiet maisījumam pārtikas krāsvielu.

d) Novietojiet pannu uz režģa Instant Pot un pārklājiet to ar papīra dvieli.

e) Uzkarsē cepeškrāsni līdz 400 ° F un vāra 40 minūtes ar augstu spiedienu.

f) Pirms pasniegšanas ļaujiet kūkai apmēram stundu atdzist uz letes.

85. Siera kūka

Izgatavojumi: 4

SASTĀVDAĻAS:
- 1 mārciņa Ricotta siera
- 1 mārciņa krējuma siera
- 1 paciņa skābā krējuma
- ¼ mārciņas sviesta
- 4 olas
- 1½ glāzes cukura
- 3 ēdamkarotes citrona sulas
- 3 ēdamkarotes miltu
- 3 ēdamkarotes kukurūzas cietes
- 3 tējkarotes vaniļas

INSTRUKCIJAS:
a) Apvienojiet 4 olas pa vienai.

b) Pievienojiet 1½ glāzes cukura, 3 ēdamkarotes citrona sulas, 3 ēdamkarotes miltu, 3 ēdamkarotes kukurūzas cietes un 3 tējkarotes vaniļas.

c) Ietaukojiet kārtīgu pannu, pārklājiet pannu ar Graham maizes drupačām un cepiet 1 stundu 350 grādu temperatūrā.

d) Izslēdziet cepeškrāsni un atstājiet cepeškrāsnī vēl 1 stundu.

e) Pirms sānu noņemšanas pilnībā atdzesējiet. Atstājiet apakšējo daļu.

86. Rikota Dželato

Izgatavojumi: 4

SASTĀVDAĻAS:
- 2 glāzes piena
- 5 olu dzeltenumi
- 1 glāze cukura
- 1 glāze smagā krējuma
- 1 ½ glāzes rikotas siera
- 1 tējkarote vaniļas ekstrakta

INSTRUKCIJAS:
a) Katliņā sajauc pienu ar cukuru un olu dzeltenumiem un vāra uz lēnas uguns 5-10 minūtes, līdz tas kļūst biezs un pārklāj karotes aizmuguri.

b) Noņemiet no karstuma un ļaujiet tai atdzist līdz istabas temperatūrai. Samaisiet smago krējumu, rikotu un vaniļu, pēc tam pārnesiet maisījumu saldējuma automātā. Sasaldē saskaņā ar ražotāja sniegtajiem norādījumiem.

87. Ricotta gelato ar kazeņu mērci

Pagatavo: 1 porcija

SASTĀVDAĻAS:
PAR GELATO
- 1¼ glāze Puse-puse
- 1¼ glāzes piena
- 16 unces pilnpiena rikotas
- ½ glāzes cukura
- 3 collu kanēļa standziņa
- 2 collu sloksne citrona miziņas
- 2 ēdamkarotes vieglā kukurūzas sīrupa
- ¼ tējkarotes vaniļas

KAZEŅU MĒRCEI
- 1 glāze Cukurs
- ¼ glāzes ūdens
- 2 glāzes kazenes
- 1 ēdamkarote Svaigas citronu sulas
- 1 tējkarote Creme de cassis
- 1 mango; izņem kauliņus, nomizo un sagriež kubiņos dekorēšanai
- Garnējumam kazenes

INSTRUKCIJAS:

a) Pagatavojiet želato: katliņā saputojiet kopā pusotru pusi, pienu, rikotu un cukuru, pievienojiet kanēļa standziņu un maisot uzkarsējiet maisījumu līdz vārīšanās temperatūrai. Noņemiet pannu no uguns, pievienojiet miziņu un ļaujiet maisījumam nostāvēties 10 minūtes. Izspiediet maisījumu caur smalku sietu, kas novietots virs bļodas, un samaisiet kukurūzas sīrupu un vaniļu.

b) Atdzesējiet maisījumu ar vāku, līdz tas ir auksts, un sasaldējiet to saldējuma saldētavā saskaņā ar ražotāja norādījumiem. Cieši iesaiņojiet želato sešās ½ glāzes darioles vai citās veidnēs, pārklājiet katru veidni ar plastmasas apvalku un sasaldējiet želato 30 minūtes vai līdz tas ir gatavs pasniegšanai.

c) Pagatavojiet kazeņu mērci: smagā katliņā uz mērenas uguns, maisot ar dakšiņu, izkausējiet cukuru un pagatavojiet sīrupu, laiku pa laikam grozot pannu, līdz tā kļūst zeltaina karamele. Strādājot uzmanīgi un ātri, iemaisiet ūdeni, kazenes, citronu sulu un creme de cassis (maisījums uzpūtīsies), maisot, līdz maisījums ir labi sajaukts, un vāra maisījumu uz mēreni zemas uguns, līdz karamele ir izšķīdusi. . Izkāš maisījumu caur smalku sietu, kas novietots virs bļodas, spēcīgi uzspiežot uz cietajām vielām, un atdzesē mērci ar vāku, līdz tā ir auksta.

d) Sadaliet mērci 6 deserta šķīvjos, izņemiet želatīnu un izkārtojiet to šķīvju centrā. Katru porciju izrotājiet ar mango un kazenēm.

88. Garšaugu pīrāgs

Izgatavojumi: 4

SASTĀVDAĻAS

- 2 ēdamkarotes olīveļļas, kā arī papildus konditorejas izstrādājumu smērēšanai
- 1 liels sīpols, sagriezts kubiņos
- 1 mārciņa / 500 g Šveices mangolds, stublāji un lapas smalki sasmalcinātas, bet turētas atsevišķi
- 5 unces / 150 g selerijas, plānās šķēlēs
- 1¾ unces / 50 g zaļo sīpolu, sasmalcinātu
- 1¾ unces / 50 g rukolas
- 1 unce / 30 g plakanu pētersīļu, sasmalcinātu
- 1 unce / 30 g piparmētra, sasmalcināta
- ¾ oz / 20 g dilles, sasmalcinātas
- 4 unces / 120 g anari vai rikotas siera, drupināts
- 3½ unces / 100 g izturēta Čedaras siera, rīvēts
- 2 unces / 60 g fetas siera, drupināts
- rīvēta 1 citrona miziņa
- 2 lielas brīvās turēšanas olas
- ⅓ tējkarote sāls
- ½ tējkarotes svaigi maltu melno piparu
- ½ tējkarotes īpaši smalkā cukura
- 9 unces / 250 g filo mīklas izstrādājumi

INSTRUKCIJAS

a) Uzkarsē cepeškrāsni līdz 400°F / 200°C. Ielejiet olīveļļu lielā, dziļā pannā uz vidējas uguns. Pievienojiet sīpolu un sautējiet 8 minūtes, neapbrūninot. Pievienojiet mangolda kātus un seleriju un turpiniet gatavot 4 minūtes, laiku pa laikam maisot. Pievienojiet mangolda lapas, palieliniet uguni līdz vidēji augstam un samaisiet, gatavojot 4 minūtes, līdz lapas novīst. Pievienojiet zaļo sīpolu, rukolu un garšaugus un vāriet vēl 2 minūtes. Noņem no uguns un liek caurdurī atdzist.

b) Kad maisījums ir atdzisis, izspiediet tik daudz ūdens, cik varat, un pārnesiet maisītāja traukā. Pievienojiet trīs sierus, citrona miziņu, olas, sāli, piparus un cukuru un labi samaisiet.

c) Izklājiet filo mīklas lapu un apsmērējiet to ar olīveļļu. Pārklājiet ar citu loksni un turpiniet tādā pašā veidā, līdz ir 5 filo slāņi, kas nosmērēti ar eļļu, un tas viss pārklāj pietiekami lielu laukumu, lai izklātu 8½ collu / 22 cm pīrāga trauka malas un dibenu, kā arī papildus, lai pakārtu pār malu. . Izklājiet pīrāga formu ar mīklas izstrādājumu, piepildiet ar garšaugu maisījumu un pārlieciet lieko mīklas izstrādājumu pāri pildījuma malai, pēc vajadzības apgriežot mīklu, lai izveidotu ¾ collu / 2 cm apmali.

d) Izveidojiet vēl vienu 5 filo slāņu komplektu, kas ieziests ar eļļu, un novietojiet tos virs pīrāga. Nedaudz sagrieziet konditorejas izstrādājumu, lai izveidotu viļņainu, nelīdzenu augšdaļu, un apgrieziet malas tā, lai tas tikai pārklātu pīrāgu. Bagātīgi apsmērējiet ar olīveļļu un cepiet 40 minūtes, līdz filo kļūst skaisti zeltaini brūni. Izņem no krāsns un pasniedz siltu vai istabas temperatūrā.

89. Burekas

Veido: 18 MAZI KOnditorejas izstrādājumi

SASTĀVDAĻAS
- 1 mārciņa / 500 g labākās kvalitātes, sviesta kārtainās mīklas izstrādājumi
- 1 liela brīvās turēšanas ola, sakulta

RIKOTA PILDĪJUMS
- ¼ glāzes / 60 g biezpiena
- ¼ glāzes / 60 g rikotas siera
- ⅔ tase / 90 drupināta fetas siera
- 2 tējk / 10 g nesālīta sviesta, kausēta

PECORINO PILDĪJUMS
- 3½ ēdamkarotes / 50 g rikotas siera
- ⅔ glāze / 70 g rīvēta izturēta pecorino siera
- ⅓ glāze / 50 g rīvēta izturēta Čedaras siera
- 1 puravs, sagriezts 2 collu / 5 cm daiviņās, blanšēts līdz mīksts un smalki sagriezts (¾ tase / 80 g kopā)
- 1 ēdamkarote sasmalcinātu plakanu pētersīļu
- ½ tējkarotes svaigi maltu melno piparu

SĒKLAS
- 1 tējkarote nigella sēklas
- 1 tējk sezama sēklas
- 1 tējkarote dzeltenās sinepju sēklas
- 1 tējk ķimeņu sēklas
- ½ tējkarotes čili pārslu

INSTRUKCIJAS

a) Mīklu izrullējiet divos 12 collu / 30 cm kvadrātos, katrs ⅛ collas / 3 mm biezs. Novietojiet mīklas loksnes uz cepešpannas, kas izklāta ar pergamentu – tās var atrasties viena virs otras, starp kurām ir pergamenta loksne, un atstājiet ledusskapī 1 stundu.

b) Ievietojiet katru pildījuma sastāvdaļu komplektu atsevišķā traukā. Samaisa un noliek malā. Visas sēklas sajauc kopā bļodā un noliek malā.

c) Sagrieziet katru mīklas lapu 4 collu / 10 cm kvadrātos; jums vajadzētu iegūt 18 kvadrātus. Pirmo pildījumu vienmērīgi sadaliet uz pusēm no kvadrātiņiem, uzliekot to katra kvadrāta centrā. Katra kvadrāta divas blakus esošās malas apsmērē ar olu un pēc tam pārloki kvadrātu uz pusēm, lai izveidotu trīsstūri. Izspiediet gaisu un cieši saspiediet malas kopā. Jūs vēlaties ļoti labi nospiest malas, lai tās gatavošanas laikā neatvērtos. Atkārtojiet to ar atlikušajiem mīklas kvadrātiņiem un otro pildījumu. Liek uz cepešpannas, kas izklāta ar pergamentu, un atdzesē ledusskapī vismaz 15 minūtes, lai tā sacietē. Uzkarsē cepeškrāsni līdz 425 ° F / 220 ° C.

d) Katra mīklas izstrādājuma divas īsās malas apsmērē ar olu un iemērc šīs malas sēklu maisījumā; Nepieciešams tikai neliels sēklu daudzums, tikai ⅙ collas / 2 mm plats, jo tās ir diezgan dominējošas. Katra mīklas izstrādājuma virspusi apsmērē arī ar olu, izvairoties no sēklām.

e) Pārliecinieties, vai konditorejas izstrādājumi atrodas apmēram 1¼ collu / 3 cm attālumā viens no otra. Cep 15 līdz 17 minūtes, līdz viss ir zeltaini brūns. Pasniedziet siltu vai istabas temperatūrā. Ja cepšanas laikā no konditorejas izstrādājumiem izlīst kāds pildījums, viegli ielieciet to atpakaļ, kad tie ir pietiekami atdzisuši, lai tos varētu apstrādāt.

90. Mutabbaq

Izgatavojums: 6

SASTĀVDAĻAS
- ⅔ glāze / 130 g nesālīta sviesta, kausēta
- 14 filo mīklas loksnes, 12 x 15½ collas / 31 x 39 cm
- 2 glāzes / 500 g rikotas siera
- 9 unces / 250 g mīksta kazas piena siera
- sasmalcinātas nesālītas pistācijas, dekorēšanai (pēc izvēles)
- SĪRUPS
- 6 ēdamkarotes / 90 ml ūdens
- noapaļotas 1⅓ tases / 280 g īpaši smalkā cukura
- 3 ēdamkarotes svaigi spiestas citronu sulas

INSTRUKCIJAS
a) Uzkarsē cepeškrāsni līdz 450 ° F / 230 ° C. Apmēram 11 x 14½ collas / 28 x 37 cm platu cepešpannu ar seklām malām iezīež ar daļu izkausētā sviesta. Virsū izklājiet filo lapu, ievelkot to stūros un ļaujot malām nokarāties. Visu nosmērē ar sviestu, uzliek citu loksni un vēlreiz apsmērē ar sviestu. Atkārtojiet procesu, līdz ir vienmērīgi sakrautas 7 loksnes, katra no tām nosmērēta ar sviestu.

b) Rikotas un kazas piena sieru liek bļodā un ar dakšiņu samīca, labi samaisa. Izklājiet pa augšējo filo loksni, atstājot ¾ collas/2 cm brīvu ap malu. Smērējiet siera virsmu ar sviestu un uzlieciet atlikušās 7 filo loksnes, katru pēc kārtas pārziežot ar sviestu.

c) Izmantojiet šķēres, lai nogrieztu apmēram 2 cm no malas, bet nesasniedzot sieru, lai tas paliktu labi noslēgts konditorejas izstrādājumā. Ar pirkstiem viegli iespiediet filo malas zem mīklas izstrādājuma, lai iegūtu glītu malu. Visu nosmērē ar vairāk sviesta. Izmantojiet asu nazi, lai sagrieztu virsmu aptuveni 2¾ collu / 7 cm kvadrātos, ļaujot nazim gandrīz sasniegt dibenu, bet ne līdz galam. Cep 25 līdz 27 minūtes, līdz tie kļūst zeltaini un kraukšķīgi.

d) Kamēr mīklas izstrādājums cepas, pagatavo sīrupu. Ielejiet ūdeni un cukuru nelielā katliņā un labi samaisiet ar koka karoti. Liek uz vidējas uguns, uzvāra, pievieno citrona sulu un vāra uz lēnas uguns 2 minūtes. Noņem no uguns.

e) Lēnām pārlejiet konditorejas izstrādājumu ar sīrupu tajā brīdī, kad to izņemat no cepeškrāsns, pārliecinoties, ka tas vienmērīgi iesūcas. Atstāj 10 minūtes atdzist. Ja lietojat, apkaisa ar sasmalcinātām pistācijām un sagriež porcijās.

91. Citronu ogu tiramisu

Pagatavo: 1 porcija

SASTĀVDAĻAS:
- ⅓ glāze Saldēta ananāsu-apelsīnu-zemeņu sulas koncentrāts, atkausēts
- 3 ēdamkarotes liķiera ar apelsīnu garšu vai apelsīnu sulas
- 1 glāze vieglā rikotas siera
- ½ iepakojuma (8 oz.) 1/3 mazāk tauku krēmsiers (Neufchatel), mīkstināts
- 1 kārbas (15,75 oz.) citronu pīrāga pildījums
- 2 iepakojumi (3 oz.) ladyfingers, sadalīti
- 1 pinte (2 tases) sagrieztas svaigas zemenes
- ½ pintes (1 glāze) svaigu aveņu

Gatavošanas laiks: 25 minūtes

INSTRUKCIJAS:
a) Mazā bļodiņā apvienojiet sulas koncentrātu un liķieri; labi samaisa. Atlikt malā.
b) Lielā bļodā ar elektrisko mikseri saputo rikotas sieru un krējuma sieru vidējā ātrumā līdz gludai. Pievieno pīrāga pildījumu; sakuliet, līdz tas ir labi sajaukts un pūkains, laiku pa laikam nokasot bļodas malas.
c) Izklājiet 12 x 8 collu (2 kvartu) cepamās trauka dibenu ar dāmu pirkstiem ar griezuma pusi uz augšu. Sasmērējiet mātītes ar pusi sulas koncentrāta maisījuma.
d) Vienmērīgi uzklājiet pusi citrona pildījuma uz dāmu pirkstiem. Virsū uzliek pusi zemeņu un aveņu. Atkārtojiet slāņus. Liek ledusskapī līdz pasniegšanas laikam. Uzglabāt ledusskapī.

92. Tiramisu ar apelsīnu aromātu

Pagatavo: 8 porcijas

SASTĀVDAĻAS:
- 15 Sūkļa pirksti; līdz 16
- 150 mililitri Svaigi spiestas apelsīnu sulas
- 2 ēdamkarotes Cointreau
- 1½ tējkarotes dabīgā vaniļas ekstrakta
- 1 250 grami auto rikotas; vai izmantojiet pusi rikotas, pusi biezpiena
- 2 ēdamkarotes apelsīnu marmelādes
- 50 grami tumšās šokolādes ar augstu kakao saturu; sarīvē

INSTRUKCIJAS:

a) Sekla, taisnstūrveida (30x18cm) vai ovālas cepešpannas dibenu izklāj ar vienu kārtu sūkļa pirkstiņiem. (Iespējams, jums būs jāpārtrauc daži uz pusēm).

b) Samaisiet kopā apelsīnu sulu, Cointreau un pusi tējkarotes vaniļas ekstrakta. Ar šo maisījumu apkaisa sūkļa pirkstiņus, pa ēdamkarotei.

c) Virtuves kombainā sajauciet rikotas sieru, marmelādi un atlikušo vaniļu. Garšojiet un pievienojiet vairāk marmelādi, ja jūtat, ka tā ir nepieciešama. Apstrādājiet, līdz maisījums ir gluds un gaisīgs, pēc tam izklājiet uz sūkļa pirkstiem.

d) Vienmērīgi apkaisa ar rīvētu šokolādi un atdzesē, līdz nepieciešams.

93. Ģimenes iecienītākais tiramisu

Veido: 4 porcijas

SASTĀVDAĻAS:

- 1 veikalā iegādāta dzeltenā mārciņas kūka vai 1 kastīte ladyfinger
- 16 unces rikotas siera ½ c un 2 ēdamkarotes cukura ½ c bieza krējuma
- 8 unces pussaldās šokolādes skaidiņas
- 1½ c stipras kafijas
- Nesaldināts kakao pulveris

INSTRUKCIJAS:

a) Ielieciet vidējo bļodu saldētavā. Sagrieziet mārciņu kūku ½ collu šķēlēs. Otrā vidējā bļodā apvienojiet rikotu ar ½ tasi cukura.

b) Izņemiet bļodu no saldētavas un pievienojiet krējumu un sakuliet ar elektrisko mikseri uz augstas temperatūras, līdz tas saglabā stingras virsotnes. Ar gumijas lāpstiņu saputo putukrējumu rikotas masā. Ielieciet šokolādes skaidiņas.

c) Izklājiet dziļas stikla pasniegšanas bļodas dibenu ar mārciņas kūkas šķēlītēm, sagriežot kūku pēc vajadzības, lai pārklātu apakšdaļu. Atlikušo cukuru iemaisa kafijā. Iemērciet konditorejas otu kafijā un samitriniet kūku, līdz tā ir izmirkusi.

d) Izmantojot gumijas lāpstiņu, viegli izklājiet ¼ rikotas maisījuma pa pirmo kūkas kārtu. Pārklājiet vēl vienu kūkas kārtu virs rikotas maisījuma un izmantojiet konditorejas otu, lai to iemērcētu ar kafiju.

e) Pārklājiet kūku ar citu rikotas maisījuma kārtu. Atkārtojiet, līdz katrai ir 4 kārtas, beidzot ar rikotas slāni.

f) Nosedziet un ievietojiet ledusskapī vismaz 4 stundas. Pirms pasniegšanas virsū apkaisa kakao pulveri.

94. Hershey's Silky kakao krēms

Pagatavo: 8 porcijas

SASTĀVDAĻAS:
- 1 iepakojums Nearomatizēts želatīns
- ¼ glāzes auksta ūdens
- ½ glāzes cukura
- ⅓ tase HERSHEY'S kakao
- ¾ glāzes vājpiena
- ½ tase Zema tauku satura daļēji vāja rikotas siers
- 1 tējkarote vaniļas ekstrakta
- ½ glāze bez piena Saputota virskārta
- Svaigas zemenes

INSTRUKCIJAS:
a) Mazā bļodiņā apkaisa želatīnu virs ūdens; ļauj nostāvēties 2 minūtes, lai mīkstina. Vidējā katliņā samaisiet cukuru un kakao; iemaisa pienā. Vāra uz vidējas uguns, nepārtraukti maisot, līdz maisījums ir ļoti karsts. Pievieno želatīna maisījumu; maisot, līdz želatīns ir pilnībā izšķīdis; ielej maisījumu vidējā bļodā.

b) Blenderī vai virtuves kombaina bļodā sablenderē rikotas sieru un vaniļu līdz viendabīgai masai; iemaisa saputotajā virskārtā.

c) Pakāpeniski iemaisa kakao maisījumā; nekavējoties ielej 2 tasīšu veidnē. Liek ledusskapī līdz stingrai, apmēram 2-3 stundas. Izklājiet uz pasniegšanas šķīvja. Ja vēlaties, pasniedziet ar zemenēm.

95. Nutellas pudiņš

Pagatavo: 4-6 porcijas

SASTĀVDAĻAS:
- ½ glāzes mizotu lazdu riekstu
- ½ karotes vaniļas sūkalu proteīna pulvera
- 1 glāze zema tauku satura rikotas siera
- 1 tējkarote vaniļas ekstrakta
- 3 ēdamkarotes kakao pulvera
- 2 ēdamkarotes stēvijas pulvera

INSTRUKCIJAS:

a) Vispirms uzkarsējiet cepeškrāsni līdz 375 grādiem un pirms turpināt, izklājiet lazdu riekstus uz cepešpannas.

b) Tagad ievietojiet šo cepešpannu mikroviļņu krāsnī apmēram 12 minūtes un ļaujiet tai atdzist.

c) Tagad ielieciet blenderī lazdu riekstus, stēviju, rikotu, kakao spēku, vaniļas proteīna pulveri un vaniļu un sablenderējiet līdz gludai.

96. Saldēta vīģu siera kūka

Veido: 12 šķēles

SASTĀVDAĻAS:
- 1 glāze Graham krekinga drupatas
- 1 glāze plus 2 ēdamkarotes granulēta cukura
- 4 ēdamkarotes sviesta, izkausēta
- 2 glāzes rikotas siera, notecināts
- 8 unces krējuma siera
- 1 ēdamkarote kukurūzas cietes
- 4 lielas olas
- 2 tējkarotes vaniļas ekstrakta
- Šķipsniņu sāli
- ⅓ glāzes vīģu ievārījuma

INSTRUKCIJAS:

a) Uzkarsē cepeškrāsni līdz 340 ° F (171 ° C). Aptiniet 9 collu (23 cm) atsperu formas pannas iekšpusi ar alumīnija foliju. Izsmidziniet ar nepiedegošu gatavošanas aerosolu un nolieciet malā.

b) Mazā bļodiņā samaisiet Graham krekinga drupatas, 2 ēdamkarotes cukura un sviestu. Iespiediet sagatavotās pannas apakšā. Atdzesē 30 minūtes ledusskapī.

c) Lielā maisīšanas traukā pievienojiet rikotas sieru, krējuma sieru, atlikušo 1 glāzi cukura un kukurūzas cieti. Labi samaisiet ar elektrisko mikseri vidējā ātrumā. Pa vienai pievienojiet olas, pēc katras pievienošanas zemā ātrumā putojot. Pievienojiet vaniļas ekstraktu un sāli un samaisiet ar mazu ātrumu, līdz tas ir pievienots.

d) Izņemiet garoziņu no ledusskapja. Ielejiet mīklu garozā. Viegli ievirpiniet vīģu ievārījumu siera kūkā, lai iegūtu marmora efektu. Ievietojiet pannu lielākā pannā ar karstu ūdeni tā, lai avota panna būtu līdz pusei iegremdēta.

e) Cep 55 minūtes līdz 1 stundai. Kūkai jābūt sastingušai, bet tomēr tai jābūt nelielai kustībai. Izņemiet no lielākās ūdens pannas un atdzesējiet uz restēm, līdz tas sasniedz istabas temperatūru.

f) Pabīdiet sviesta nazi ap pannas iekšējo malu, lai atdalītu siera kūku no pannas, un pēc tam nofiksējiet pannas ārējo daļu. Atdzesējiet 1 stundu un pēc tam iesaldējiet 4 stundas. Pirms sagriešanas un pasniegšanas ļaujiet nostāvēties istabas temperatūrā 10 līdz 15 minūtes.

g) Uzglabāšana: Cieši iesaiņotu plastmasas iesaiņojumā uzglabāt saldētavā līdz 1 mēnesim.

97. Elzasas siera tarte

Iznākums: 10 porcijas

SASTĀVDAĻAS:
- 4 glāzes kūku miltu
- ⅝ glāze cukura
- 2½ nūjas saldā sviesta
- 1 vesela ola
- 16 unces Fromage blanc VAI zemnieku siers VAI Ricotta siers
- ¾ glāzes bieza krējuma
- 4 lielas olas, atdalītas
- domuzīme Svaiga citrona sula
- šķipsnu Svaigas vaniļas pupiņu sēklas VAI
- 2 pilieni līdz 3 pilieni vaniļas ekstrakta
- 2 ēdamkarotes Kirsch
- ¾ glāzes līdz 1 glāzei cukura
- ½ tējkarotes malta kanēļa
- 1 tējkarote vaniļas ekstrakta
- 1/2 citrona rīvēta miziņa

INSTRUKCIJAS:
a) MĪKLA: Labi samaisiet visas sastāvdaļas, nepārstrādājot mīklu. Pirms lietošanas ļaujiet mīklai atpūsties 30 minūtes.

b) Uzkarsē cepeškrāsni līdz 375F. Izrullējiet mīklu uz miltiem apkaisītas virsmas un ar mīklu izklājiet 9 collu līdz 10 collu tortes/pīrāgu pannas dibenu un malas.

c) Bļodā sakuļ no blanc un krējumu; pievieno olu dzeltenumus, cukuru, kanēli, vaniļu, ķiršu un citrona miziņu. Rūpīgi samaisiet līdz ļoti gludai. Olu baltumus sakuļ stingrās putās un viegli iecilā mīklā. Ielejiet mīklu ar konditorejas izstrādājumiem izklātā pannā.

d) Cep 40 līdz 45 minūtes vai līdz tas ir nedaudz uzpūsts un ļoti brūns. Pilnībā atdzesējiet tartu, pēc tam atdzesējiet vairākas stundas pirms griešanas.

98. Vidusjūras siera tarte

Iznākums: 12 porcijas

SASTĀVDAĻAS:
- 8 saldētas filo mīklas loksnes; atkausēts
- ¼ glāzes sviesta; izkusis
- ¼ glāzes parmezāna siera; sarīvē
- ½ glāzes sīpols; sasmalcināts
- 1 tējkarote Svaiga rozmarīna; nocirta
- ¼ tējkarotes kaltēta rozmarīna, sasmalcināta)
- 1 ēdamkarote Olīveļļas
- 5 unces Saldēti sasmalcināti spināti; atkausēts
- ⅓ glāze grauzdētu priežu riekstu vai valriekstu
- 1 ola
- 1 glāze Ricotta siera
- ½ glāzes Fetas siera; sabruka
- ¼ glāzes Eļļas iepakojums saulē kaltētu tomātu; nosusināta
- ¼ tējkarotes Rupji malti pipari
- 1 ēdamkarote parmezāna siera; sarīvē

INSTRUKCIJAS:

a) Atlocīt phyllo; pārklājiet ar plastmasas apvalku vai mitru dvieli, lai tas neizžūtu. Uz sausas darba virsmas novietojiet vienu filo loksni; smērē ar sviestu.

b) Virsū uzliek vēl vienu filo loksni, sasmērē ar sviestu un apkaisa ar 1 ēdamkaroti parmezāna siera. Atkārtojiet ar atlikušajām filo loksnēm, sviestu un parmezānu. Izmantojot virtuves šķēres, sagrieziet filo 11 collu aplī.

c) Vienmērīgi ievietojiet filo sagatavotajā pannā, pēc nepieciešamības salocot un uzmanieties, lai filo nesaplēstu. Pārklājiet pannu ar mitru dvieli; atlikt malā.

d) Pildījumam: sīpolus un rozmarīnu apcep olīveļļā vidējā katliņā, līdz sīpoli ir mīksti. Iemaisa spinātus un priežu riekstus (vai valriekstus).

e) Izklājiet ar filo izklātu atsperu formu pannā. Atlikt malā.

f) Vidējā bļodā viegli sakuļ olu. Iemaisa rikotu, fetu, tomātus un piparus. Uzmanīgi izklājiet uz spinātu maisījuma. Apkaisa ar 1 ēdamkaroti parmezāna siera.

g) Novietojiet atsperu formu uz seklas cepešpannas uz cepeškrāsns režģa. Cep 350 grādu cepeškrāsnī 35 līdz 40 minūtes vai līdz brīdim, kad sakrata centrs šķiet gandrīz nostiprināts.

h) Atdzesē pīrāgu pavasara formā uz režģa 5 minūtes. Atbrīvojiet pannas malas. Atdzesē vēl 15 līdz 30 minūtes. Pirms pasniegšanas noņemiet atsperu formas pannas malas. Pasniedziet siltu.

99. Itāļu artišoku pīrāgs

Porcijas: 8 porcijas

SASTĀVDAĻAS:
- 3 olas; Sasists
- 1 3 Oz iepakojuma krējuma siers ar maurlokiem; Mīkstināts
- ¾ tējkarotes ķiploku pulvera
- ¼ tējkarotes piparu
- 1½ glāzes Mocarellas siera, daļēji vājpiena; Sasmalcināts
- 1 glāze Ricotta siera
- ½ glāzes majonēzes
- 1 14 oz konservu artišoku sirdis; Nosusināta
- ½ 15 oz konservētas Garbanzo pupiņas; Izskalots un nosusināts
- 1 2 1/4 Oz kārbu šķēlēs sagrieztas olīvas; Nosusināta
- 1 2 Oz Jar Pimientos; Sagriezts kubiņos un nosusināts
- 2 ēdamkarotes pētersīļu; Nogriezts
- 1 pīrāga garoza (9 collas); Necepts
- 2 mazi tomāti; Šķēlēs

INSTRUKCIJAS:

a) Lielā maisīšanas baseinā apvienojiet olas, krējuma sieru, ķiploku pulveri un piparus. Bļodā sajauciet 1 glāzi mocarellas siera, rikotas sieru un majonēzi.

b) Maisa, līdz viss ir labi sajaukts.

c) Pārgrieziet 2 artišoku sirdis uz pusēm un nolieciet malā. Sasmalciniet pārējās sirdis.

d) Sajauciet siera maisījumu ar sasmalcinātām sirdīm, garbanzo pupiņām, olīvām, pimientos un pētersīļiem. Piepildiet mīklas čaumalu ar maisījumu.

e) Cep 30 minūtes 350 grādos. Pa virsu jākaisa atlikušais mocarellas siers un parmezāna siers.

f) Cep vēl 15 minūtes vai līdz sacietē.

g) Atstāj atpūsties 10 minūtes.

h) Virsū kārtojiet tomātu šķēles un ceturtdaļās sagrieztas artišoka sirdis.

i) Pasniedziet

100. Rikotas un tomātu torte

SASTĀVDAĻAS:

- 1 pīrāga garoza
- 1 glāze rikotas siera
- 2 lielas olas
- 1/4 tase rīvēta parmezāna siera
- 1/4 tējk. sāls
- 1/4 tējk. melnie pipari
- 2 lieli tomāti, sagriezti
- Svaigas bazilika lapas

INSTRUKCIJAS:

Uzkarsē cepeškrāsni līdz 375 ° F.

Izrullējiet pīrāga garozu un ievietojiet 9 collu tortes pannā.

Bļodā sajauciet rikotas sieru, olas, parmezāna sieru, sāli un piparus.

Ielejiet maisījumu pīrāga garozā.

Virs rikotas maisījuma kārto tomātu šķēles.

Cep 35-40 minūtes vai līdz pildījums ir sacietējis.

Pirms pasniegšanas ļaujiet dažas minūtes atdzist.

Dekorē ar svaigām bazilika lapiņām.

SECINĀJUMS

Noslēgumā jāsaka, ka rikotas siers ir garšīga un daudzpusīga sastāvdaļa, ko var izmantot daudzās receptēs. Neatkarīgi no tā, vai dodat priekšroku sāļiem ēdieniem, piemēram, lazanjai, vai saldiem gardumiem, piemēram, siera kūkām, rikotas siers var pievienot jūsu iecienītākajiem ēdieniem krēmīgu un garšīgu tekstūru. Izmēģinot dažas no šajā rakstā aprakstītajām rikotas siera receptēm, varat atklāt jaunus veidus, kā izmantot šo daudzpusīgo sastāvdaļu, un pārsteigt ģimeni un draugus ar savām kulinārijas prasmēm. Tāpēc turpiniet un izmēģiniet šīs receptes — jūsu garšas kārpiņas jums pateiks paldies!

Ingram Content Group UK Ltd.
Milton Keynes UK
UKHW021149220623
423869UK00009B/42